JN014333

ルールを覚えるだけじゃなかったんだ！

本当はおもしろい

中学英語

時吉秀弥

はじめに

　みなさん、こんにちは。初めまして。時吉秀弥（ときよしひでや）と申します。

　この本は、英語を習いはじめた小学校高学年のみなさん、あるいは中学生のみなさんに、さらには大人になってもう一度英語を勉強してみようと一念発起しているみなさんに向けて、私が一生懸命書いたものです。

　この本のレベルですが、そうですね、英語の勉強開始から、中学2年の真ん中あたりまでで勉強する内容です（中学後半のレベルの本は今書いている途中です）。

　みなさんは、英語を聞いたり話したりできるようになれたらいいな、と思って勉強を始めたことでしょう。

　でもいざ始めてみると、英語のルールってややこしくて、やっぱり嫌になっちゃった、という人も多いのではないでしょうか。

　この本はその「ルール（つまり文法です）」を
　「よくわからない決まりごと」ではなく、
　「英語を話す人の心のしくみ」として説明しています。

だって、**言葉って、話す人の気持ちを表すもの**ですからね。

言葉のルールだって、話す人の気持ちが表れているはずです。

みなさんは今、英語が話せるようになるための長い道のりの、とっても大事なスタート地点にいます。

この本を読むことで、みなさんがもっと英語を好きになって、大人になったら英語を使って大活躍するようになったらいいな。そしてもう大人になっている人には「おお、ついにわかるぞ!英文法! そういうことだったのか!」と思ってもらえると嬉しいです。

そんなことを考えながらこの本を書きました。

最後まで楽しんでくださいね。

そして、この本の続きもお楽しみに。

時吉秀弥

目次

Chapter 7 ややこしい疑問文の語順

Chapter8 意見・気持ちを表したり、お願いしたりする文

カバーデザイン：古屋郁美
カバーイラスト：いのうえ ちぴろ（SUGAR）
本文イラスト　：末吉喜美

本書の使い方

1. まずは解説を読む

　解説を読んで、文の型を理解したり、文のルールが英語を話す人のどんな気持ちの表れなのかを理解しましょう。「よくわからないルールの丸暗記」はやめて、「こんな気持ちだからこの文法を使う」ということを理解していきましょう。

2. 例文の音声を聞いて、声に出す

　途中で例文が出て来ます。音声をちゃんと聞いて、恥ずかしがらずにできるだけ音を真似て、声に出して何回も読みましょう。これをやると英語が「聞ける」ようになります。

　ただ何回も英語を聞くよりも「どうやったらこの音が出せるんだろう」と試行錯誤することで、音に対する注意がするどくなり、その結果、より早く英語を聞いて理解できるようになります。

　日本語にはない音ばかりで最初は難しいですが、スポーツと一緒で、実際に体（ここでは口）を動かさないと、正しい音は身につきません。スムーズに口から言葉を出せる人は、それだけ英文を読むスピードも理解力もあがります。

3. 練習問題を解こう

　各項の最後に練習問題があります。勉強したことの復習になるだけでなく、単語を並べ替えて英文を作る練習をすることで、自分で英語の文を作る能力が向上します。英語は単語を知っているだけでは話せません。単語がどういう順番でつながるのかを練習問題でしっかり身につけましょう。　　　　　　　　　　がんばりましょう！

音声データについて

本書の本文の例文（和訳＋英文）の音声🔊は、下記で聞くことができます。

（英語：ソネス・S さん　日本語：五十嵐由佳さん）

1.【ASUKALA】アプリを携帯端末にダウンロード

お持ちの端末で下記にアクセスして日香出版社音声再生アプリ【ASUKALA】を
インストールすると、ダウンロードした音声がいつでもすぐに再生でき、音声の速度
を変えられるなど学習しやすいのでおすすめです。

（無料です。個人情報の入力は必要ありません）

2.音声データをダウンロード

ASUKALA アプリから、『本当はおもしろい中学英語』音声データ（mp3 形式）
をダウンロードして聞いてください。

ASUKALA アプリを使用せず、パソコンや携帯端末の音楽アプリでダウンロードし
たデータを聞くこともできます。下記にアクセスしてください。

https://www.asuka-g.co.jp/dl/isbn978-4-7569-2266-3/index.html

※音声ファイルは、一括した圧縮ファイルをダウンロードした後に解凍してお使いください。
※音声の再生には、mp3 ファイルを再生できる機器などが必要です。ご使用の機器、音声再生ソフト
　などに関する技術的なご質問は、ハードメーカーもしくはソフトメーカーにお願いします。
※音声ダウンロードサービスは予告なく終了することがあります。

※ CD で音声を聞きたいお客様には、送料込み 1000 円でお分けしています。ホー
ムページよりお問い合わせください。　　https://www.asuka-g.co.jp/contact/

英文法というのは英語の文を読んだり書いたりするときに出てくる 「ルール」 です。英語を勉強するときに一番つらいのが、この 「文法のルール」 を覚える、ということです。 なんでつらいのかというと、「そのルールが何のためにあるのかよくわからない」 のに 「覚えないとダメ」 だ、という経験をみなさんがするからです。

　たしかに文法の 「ルール」 は覚えないといけません。 けれどもそのルールの本質は、よくわからない、味気のない決まりごとではありません。

　違う国の言葉の文法は、その国の人たちの 「世界のとらえ方」 を表しています。 つまり、**文法を勉強すると、その人たちの心の中をのぞき見ることができる**のです。 だから文法を勉強するのはとても楽しいのです。

　まずは文法の話はすこし置いといて、**「世界の切り分け方」 が言葉によって違う**例を見てみましょう。

　例えばマグロを解体するとき、　　　　　　日本語では、ある部分の肉を 「トロ」 と呼んだり、またある部分の肉を　　　　　「赤身」 とか 「かま」 と呼んだりします。 でも英語ではマグロの肉は全部 tuna （ツナ） です。

　例えば日本語では「そこに木が 1 本立っている」とか「この椅子は木でできている」

というふうに、地面に生えている木も木材としての木も「木」 と呼びますが、英語では地面に生えている木は tree で、木材は wood です。

さらには、日本語では「温度の高い水」のことを「お湯」 と呼びますが、英語では冷たくても熱くても water で、温度のことを言いたければ cold water、hot water と言います。「お湯」のような特別な言い方はありません。ちなみに漢字の国の中国でもやはり「お湯」を意味する特別な言い方はなくて、冷水、熱水という言い方があるだけです。中国語で「湯」は「スープ」を意味します。「温度の高い水」に「お湯」のような独立した呼びかたを与えている言語は、日本語を除くとそんなにはないそうです。

こんなふうに、話す言葉が違うと、世界の切り分け方も変わります。
そして、これは単語だけではなくて、文法でも同じなんです。

例えば英語には a pen（とある1本のペン）の a とか、the book（さっき言ったその本）の the のように、私たち日本語を話す人間からすると「なんのために必要なのかよくわからない言葉」というのがあります。

私たちからすれば、「ペンはペンだし、本は本でいいじゃない。なんでいちいち『とある1つの』とか、『さっき言ったその』とかをつけないといけないの？ しかもなんで使い分けるの？」という気持ちになりますが、英語を話す人にとっては a や the をつけるということは、とても大事で、便利な情報を持った文法の約束事なのです（それはこの本の中でちゃんと説明しますね）。

逆に日本語を勉強する西洋の人たちが困るのは「紙が1枚」とか「本が1冊」とか「電車を1本遅らせる」といった、助数詞と呼ばれる言葉です。どうしてものの形に合わせていろんな数え方があるのか、どうやって覚えたらいいのか、日本語を勉強する人たちにとって、とてもやっかいです。

英語を話す人にとってはドーベルマンのような大きな犬だろうが、チワワのような小さな犬だろうが a dog です。けれども私たちからすると、ドーベルマンは「1頭の犬」でしょうし、チワワは「1匹の犬」ですね。きっと日本語を勉強する西洋人は「どこからが1頭でどこまでが1匹なの?」と悩むでしょう。

これら**文法のルールが表しているのはマグロやお湯の例のように、言語ごとに違う、「世界の切り分け方・とらえ方」の違い**なのです。この本は**認知言語学**(にんち・げんごがく)という学問を使って、それをできるだけていねいに説明しています。

外国語を勉強することの一番の悩みであり、おもしろさでもあるのが、こうした「日本語とは違う、世界の見方」です。文法を単なる「わけのわからないルール」として丸暗記するのではなく、「**なるほど!英語を話す人はこんなふうに考えるんだ、おもしろい!**」と思って勉強してくれるといいなぁと、思います。

外国語ができるようになることは「別の国の人の心の中を探検すること」であり、同時に「私たちは日本語を使って、世界をこんなふうに見ていたんだ」と発見することです。

さぁ、勇者(あなた)は「言語学」という武器を手に入れました。これを使って一緒に英文法の探検に出発しましょう!

chapter1

基本的な文の形を
理解しよう

「A＝B」の型

英語を勉強し始めるのに、どこからとりかかればいいかと聞かれたら、私は「文のパターンを覚えましょう」と答えます。英語では、文のパターンや話す順番が、とても大事です。そして、それぞれの英語文のパターン、型には、単語と同じように、意味があります。型の意味を知り、覚えながら、その文に出て来る単語をついでに覚えるようにしましょう。そうすると、単語も記憶に残りやすいものです。

今回は「A＝B」の型で「AはBだよ」を覚えましょう。まずは I ＝ Takashi で「私は Takashi だよ。」から。

「私は Takashi だよ。」

🔊 I am Takashi.
　　私は　です

日本語とはことばの順番が違いますね。

I（私は）が最初に来るのは日本語と同じですが、その次にくるのは日本語の「です」「だよ」にあたる am です。ここが日本語とは違いますね。

この **am** は「今から中身を説明しますよ」ということを知らせる言葉です。

話を聞いている人は、**I am**（私は、〜だよ）まで聞けば、「あ、今からこの人は『私（I）』の中身が何なのか説明しようとしているんだな」と思えばいいです。

POINT 「私(I) の中身」を説明する文の型

I am Takashi. なら、「私」の中身が Takashi、つまり「私は Takashi です。」ということです。

今度は「彼は Bob だよ。」と言ってみましょう。

「彼は Bob だよ。」

19

he（彼は）が**文の先頭なので h は大文字の H** で書かれ、He となっています。その後についている is はさっきの am と同じく、日本語の「です」にあたります。ややこしいんですが、この**「です」にあたる言葉は、I のときには am ですが、he のときには is という形になります。**今はまだ「ふーん、そうなんだ」という感じでいいです。

　I のときは am、he のときは is。英語では、「〜は」が変わると、「です」「だよ」の形も変わることがあります。覚えましたか？

　最後に「彼女は Ann だよ。」と言ってみましょう。

「彼女は Ann だよ。」

　she は「彼女は」を意味します。「彼」に「女」がくっついて「彼女」になるように he の前に s がくっついて <u>she</u> です。ここでは文の先頭なので s が大文字の S になって She となっています。「です」にあたるのは、ここでも is です。I のときは am ですが、he と she では is です。

　何か、「型の決まり」が見えてきましたね……。

1 （　　）の中に入るのは、I、He、She のうち、どれでしょうか。

① 「私は Takako です。」

（　　） am Takako.

② 「彼は Jim だよ。」

（　　） is Jim.

③ 「彼女は Beth です。」

（　　） is Beth.

2 （　　）の中に、am、is の中から選んで入れましょう。

① 「彼は Bob です。」

He （　　） Bob.

② 「私は Yosuke です。」

I （　　） Yosuke.

③ 「彼女は Betty だよ。」

She （　　） Betty.

3 単語を並べかえて、日本語の意味に合う英文を作りましょう。

① 「私は Kate。」

(Kate, am, I).

② 「彼は Mike です。」

(is, He, Mike).

③ 「彼女は Takako です。」

(is, She, Takako).

大文字と小文字

アルファベットの文字には大文字と小文字というのがあります。例えば a は小文字、A は大文字と呼ばれます。文を書くとき、**文の先頭の文字は大文字**にします。

✕ he is Jim.

→ ○ He is Jim.

それから、人の名前や町の名前など、「**この世に1つしかないもの**（固有名詞と呼びます）」を表す名前は**最初の文字を大文字**にします。

✕ takako → ○ Takako

✕ tokyo → ○ Tokyo

ちなみに、「**私は**」の I はいつでも、どこでも**大文字**です。小文字の i が1文字だけだと、とても見づらいということで、目立つように大文字で書くようになったそうです*。

※参考文献　堀田隆一 hellog〜英語史ブログ　#91. なぜ一人称単数代名詞 I は大文字で書くか

「A ≠ B」の型

Bの中身はBじゃないよ。

前回は「A は B だよ」の型、「A is B」という型を練習しました。今度は「A は B じゃないよ」という「否定の型」（否定文）を練習しましょう。

「私は Takashi じゃないよ」という文を英語にしてみましょう。英語で **「違う・〜ない」という否定を表す言葉**は not と言います（Yes / No の no と似ていて覚えやすいのですが、意味や使い方が違うので注意しましょう）。この not を文の中のどこに置くのか、が大事なポイントです。

I am Takashi. (私は Takashi だよ。) を 「私は Takashi じゃないよ。」 という英文にしてみましょう。次の3つの文のうち、どれが正しいと思いますか？

> ⓐ I not am Takashi.
> ⓑ I am not Takashi.
> ⓒ I am Takashi not.

正解は……

23

◀)) **I am not   Takashi.**   「私は Takashi じゃないよ。」
　　私は　　ではありません　　　タカシ

　正解は⑥です。**not は日本語の「です」「だよ」にあたる am の後ろ**につけます。「だよ」を「じゃない」にするので、「だよ」を意味する am の後ろに not をくっつけます。これで「〜じゃないよ」という意味になります。前回やった、「I am ○○」は「『私』の中身を説明する型」でした。今回の「I am not ○○」は「私の中身は○○じゃない」ということを意味する型です。

　POINT　「私 (I) の中身」を否定する文の型

I am not ○○.

I am...

　では今度は He is Bob.（彼は Bob だよ。）を「彼は Bob じゃないよ。」という意味の英文にしてみましょう。

◀)) **He is not Bob.**
　　彼は　　ではありません　　ボブ
　　　「彼は Bob じゃないよ。」

He is...

ここでも「だよ」を意味する is の後ろに not をつけて、is not で「～じゃないよ」です。

次に She is Ann.（彼女は Ann だよ）を「彼女は Ann じゃないよ。」という意味の英文にしてみましょう。

She is...

「彼女は Ann じゃないよ。」

今回一番覚えてほしいのは、am や is の後ろに not をつけることで「～じゃない」という意味になるということです。次回は「あなたは～なの?」という、「たずねる型」（疑問文）を紹介します。いよいよ you（あなたは）が登場します。

「ピリオド」について

日本語の文が「。」で終わるように、英語の文も終わりには「.」という印をつけます。これを**ピリオド**と呼びます。英文を書くときは以下の 2 つを忘れないようにしましょう。

- 文の先頭の単語は大文字で始める
- 文の終わりにはピリオドを打つ

1 日本語文の意味になるように（　　　　　）の中に合う単語を入れましょう。

① 「私は John じゃないよ。私は Alex だよ。」
　 I (　　　) (　　　) John. I (　　　) Alex.

② 「彼は Chris ではありません。彼は Jim です。」
　 (　　　) is (　　　) Chris. (　　　) is (　　　).

③ 「彼女は Beth です。彼女は Cathy ではありません。」
　 (　　　) (　　　) Beth. She (　　　) (　　　) Cathy.

2 （　　　　）の中の言葉を並べ替えて、日本語文の意味に合った英語の文を作りましょう。文の先頭の言葉は大文字で始めるのを忘れずに。

① 「彼は Bill じゃない。」
　 (is, Bill, not, he) .

② 「彼女は Satoko ではありません。」
　 (she, Satoko, not, is) .

③ 「私は Adam じゃないよ。」
　 (not, Adam, I, am) .

「AはBなの?」の型

大事なことから聞く。言わなくてもわかることは言わない

今回は聞き手に質問する型を紹介します。「聞き手」というのは目の前にいる「あなた」のことですから、ここで「あなたは」を意味する you が登場します。

目の前にいる女の子に「あなたは Mary なの?」と英語でたずねてみましょう。

 POINT 「AはBなの?」の型

「あなたは Mary なの?」

Are you Mary?

大事な点は3つです。

① 「です」「だよ」を意味する言葉は I(私は)のときには am、he(彼は)・she(彼女は)のときは is でした。you(あなたは)のときには are になります。

② 質問をする文を終えるときはピリオド（．）ではなく、クエスチョンマーク（？）を文末につけます。これがないと質問の文だということにならないので、忘れずに、必ずつけるようにしてください。

③ 「AはBだよ」や「AはBじゃないよ」の型とは違い、「AはBなの？」の型では言葉の並び方が変わります。「です」を意味する am / is / are が文の先頭に来ます。

You are Mary.（あなたは Mary だよ。）が……

「あなたは Mary なの？」

He is Jeff.（彼は Jeff です。）が……

「彼は Jeff ですか？」

She is Kate.（彼女は Kate だよ。）が……

「彼女は Kate なの？」

音声を聞いて、実際に声に出してみましょう。文末の声のトーンを上げるのを忘れないでくださいね

どうしてこんな並び方に？

なぜ「だよ」を意味する am / is / are が文の先頭に来るのでしょう？

英語の言葉の並び方には「大事なことから先に話す」という大事なルールが隠れています。

たとえば「あなたが Mary なのかどうかわからない」とき、話し手の頭の中では「あなたは Mary だよ（You <u>are</u> Mary.）」なのか、それとも「あなたは Mary じゃないよ（You <u>are not</u> Mary.）」なのか、どっちなんだろう？という気持ちが起きています。つまり「**だよ vs. じゃないよ（are vs are not）」が一番大事なこと**として頭の中に渦巻いているわけですね。

ですから You are Mary. の中の「だよ」を意味する are が一番大事な情報としてスポットライトを浴びます。そして「大事なことから先に言う」というルールに従って、文の先頭に出て来ます。だから、こんな形になるんです。

Are you are Mary?　　　「あなたは Mary なの？」

質問に答えましょう

それでは質問への答え方です。まずはいろんなパターンをざっと見てみましょう。

◀))
Are you Mary?（あなたは Mary なの？）
Yes, I am.（うん、そうだよ。）/ **No, I am not.**（いや、違うよ。）

🔊 ┌ **Is he Jeff?** （彼は Jeff なの？）
　└ **Yes, he is.** （うん、そうだよ。） **/ No, he is not.** （いや、違うよ。）

🔊 ┌ **Is she Kate?** （彼女は Kate なの？）
　└ **Yes, she is.** （うん、そうだよ。） **/ No, she is not.** （いや、違うよ。）

　日本語ではどれも「うん、そうだよ。」「いや、違うよ。」なのに、英語ではそれぞれ形が違いますね。

　一体どうなっているのでしょう？　詳しく見てみましょう。

　Are you Mary?（あなたは Mary なの？）という質問に対して、答えの Yes, I am ~~Mary~~.（うん、私は ~~Mary~~ だよ。）/ No, I am not ~~Mary~~.（いや、私は ~~Mary~~ じゃないよ。）という省略が隠れています。「**言わなくてもわかるから言わない**」ということが「型」になっています。

> Is he Jeff?
> Yes, he is ~~Jeff~~. / No, he is not ~~Jeff~~.
>
> Is she Kate?
> Yes, she is ~~Kate~~. / No, she is not ~~Kate~~.

言わなくて
いいなら

「言～わ
ない」

　この「**言わなくてもわかる言葉は省略する**」というのは英語のとても大事な癖なので、覚えておきましょうね。

1 与えられた英文を、質問の文（疑問文）に作りかえてみましょう。

① I am Eddy.（私は Eddy だよ。）→「あなたは Eddy なの？」の文に

② He is Mark.（彼は Mark だよ。）→「彼は Mark なの？」の文に

③ She is Beth.（彼女は Beth だよ。）→「彼女は Beth なの？」の文に

2 次の質問に英語で答えましょう。

① Are you Emily?
　　「うん、そうだよ。」　　　　　　「いや、違うよ。」

② Is he Michael?
　　「うん、そうだよ。」　　　　　　「いや、違うよ。」

③ Is she Linda?
　　「うん、そうだよ。」　　　　　　「いや、違うよ。」

「A is B」でキモチや状態を表す

04

「Aは〜な気持ちだ」「Aは〜な様子だ」

これまでは Mary や Jeff など、人の名前を使って英語の文を作ってきました。ここでは「気持ち」や「様子」を表す文を作ります。

すでに学んだ「Aは Bだよ」「Aは Bじゃないよ」「Aは Bなの?」の3つの型を使って、気持ちや様子を表すことができます。

A is B.、A is not B.、Is A B? の Bのところに気持ちや様子を表す言葉を入れましょう。

◀)) **体の状態を表す言葉**

hungry 「お腹が空いている」

  I am hungry.　「お腹空いた。」　┄┄┄┄

日本語ではいちいち「私は」とは言わないことが多いので、日本語訳では「私は」を省略しています

full 「いっぱいだ・満ちている」

  I am full.「お腹いっぱいです。」

32

tired 「疲れている」

"**Are you tired?**"

「(あなたは) 疲れてるの?」

話し言葉の始まりと終わりにつける、日本語の「 」みたいなもの

日本語では面と向かって相手に「あなたは」と言うことは少ないので、カッコつきで(あなたは)としています

"**Yes, I am. / No, I am not.**"

「うん、疲れてる。／いや、疲れてないよ。」

Yes, I am.とNo, I am not.の後ろにはtiredが省略されていますが、省略せずにYes, I am tired. No, I am not tired.としても間違いではありません(第3項参照)

great 「元気だ・とても体調がいい」 (体調はどう?とたずねられて)

I am great. 「とても元気です。」

great は 「偉大な」 という意味のほかに、日常会話では体の調子を表す言葉としてもよく使われます。友達同士で使う日本語会話の 「わぁ、元気してた?」 「うん、元気、元気～!」 というような感じの 「ちょっとテンション高めの『元気』」 のイメージを持ちます。

OK と fine 「大丈夫・問題ない」

"**Are you OK?**" "**I am fine.**" 「大丈夫ですか?」「大丈夫です。」

fine は 「問題はない」 「大丈夫」 といった 「合格」 のイメージを持つ言葉です。 「高くもなく、低くもなく、普通」 のイメージ。 fine の代わりに OK もよく使われます。

◀)) 性質や印象を表す言葉

kind 「親切な」

He is kind. 「彼は親切だよ。」

beautiful 「美しい」

She is beautiful. 「彼女は美しい。」

pretty 「かわいい」

Mary is pretty. 「Mary はかわいい。」

tall 「背が高い」

Jim is not tall. 「Jim は背が高くない。」

◀)) 気持ちを表す言葉

glad 「うれしい」

I am glad. 「嬉しいです。良かった。」

gladは何かができて満足したり、ホッとしたり、他人に起きた良いことに対して「良かったねぇ」という気持ちであることを表します

sad 「悲しい」

Are you sad? 「悲しいの?」

angry 「怒っている」

She is not angry. 「彼女は怒っていないよ。」

34

次の日本語文を英語にしてみましょう。

① 「(あなたは) 怒ってるの？」「いや、怒ってないよ。」
　　"(　　　)(　　　)(　　　)?" "No, I'm not."

② 「彼は親切ですか？」「はい、親切です。」
　　"(　　　)(　　　)(　　　)?" "Yes, (　　　)(　　　)."

③ 「(あなたは) 疲れてるの？」「いや、疲れてない。大丈夫だよ。」
　　"(　　　)(　　　)(　　　)?" "No, I am not. (　　　)(　　　) (　　　)."

④ 「私、お腹は空いてません。お腹いっぱいです。」
　　"(　　　)(　　　)(　　　)(　　　). (　　　)(　　　)(　　　)."

⑤ (相手が言ったことにほっとして)「良かった。嬉しいよ。」
　　"Good. (　　　)(　　　)(　　　)."

COLUMN

「短縮形」を知っておこう

言いやすいから、縮まります

例えば日本語の「わたしゃね」というのは「私はね」が縮まってできたものです。言いやすいからこんな形ができたんですね。英語にもこれと同じことが起きます。言いやすいから縮む形。「短縮形」と呼ばれます。

IとamのＣ間の空きとaが消えて「'（アポロストフィ）」に

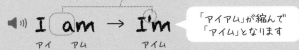

◀ŋ I am → I'm
アイ　アム　　アイム

> 「アイアム」が縮んで「アイム」となります

I am Takashi. → I'm Takashi. （私は Takashi だよ。）

◀ŋ you are → you're
ユー　アー　　ヨァ

> 「ユーアー」が縮まり「ヨァ」に近い発音になります

You are kind. → You're kind. （あなたは親切だね。）

◀ŋ she is → she's
シー　イズ　　シーズ

> 「シーイズ」が縮んで「シーズ」に近い発音になります

She is hungry. → She's hungry. （彼女はお腹が空いているんだ。）

◀ŋ he is → he's
ヒー　イズ　　ヒーズ

> 「ヒーイズ」が縮んで「ヒーズ」に近い発音になります

He is tall. → He's tall. （彼は背が高いんです。）

not を使う「Aは Bではありません」の型のときには、2種類の縮み方があります。

◀)) **you are not**
ユー　アー　ノット

→ **you're not**

> youとareを縮めて
> you're not

→ **you aren't**

> areとnotを縮めて
> you aren't

You're not kind. → You aren't kind　（あなたは親切じゃない。）

◀)) **she is not**
シー　イズ　ノット

→ **she's not**

> sheとisを縮めて
> she's not

→ **she isn't**

> isとnotを縮めて
> she isn't

She's not hungry. → She isn't hungry.（彼女はお腹が空いてないんだ。）

◀)) **he is not**
ヒー　イズ　ノット

→ **he's not**

> heとisを縮めて
> he's not

→ **he isn't**

> isとnotを縮めて
> he isn't

He's not tall.　→ He isn't tall.（彼は背が高くないんです。）

◀)) **I am not → I'm not**

> Iの場合はI'm notと言い、
> I amn'tとは普通言いません

I'm not Takashi.（私は Takashi じゃないよ。）

※「Aは Bですか」の型には短縮形はありません。

37

this, that, it と「これ」「あれ」「それ」

05

いろんな「人」「もの」「こと」について話そう

A is B で身近な人の中身や様子、キモチを表現してきましたが、「人」「もの」「こと」を同じ形で話すことができます。

自分に近いと this、遠いと that

日本語でものを指すとき、その指し方には3つの種類があります。自分に近いところにあるものは「これ」、自分のところにはなくて相手のところにあるものは「それ」、自分からも相手からも離れたところにあるものは「あれ」で指します*。

ところが、英語の指し方には2種類しかありません。

英語では自分に近いものは this、自分から離れているものは that、です。

相手に近いところにあるか、離れているかは関係ありません。自分に近いかどうか、それだけです。

---

* これ以外にも日本語では、自分に近いものを「これ」、遠いものを「あれ」、その中間の距離にあるものを「それ」で指す場合もあります。

◀)) **This is my bag.**　「これは私のカバンです。」

カバン、家、イヌなど「**もの**」**の名前**のことを「**名詞**」と言います。
英語では名詞の使い方にちょっと注意が必要です。

まずは、「〇〇の」という意味を表す言葉を一緒に覚えておきましょう。

◀))
「私の」	my	「あなたの」	your
「彼の」	his	「彼女の」	her
「Jimの」	Jim's	「私の父の」	my father's

人の名前などの後ろに「's」をつけることで「〜の」という意味を表せます（アポストロフィー　エスと呼ばれます）。

◀)) **Is that your bicycle?**　「あれはあなたの自転車？」

◀)) **That isn't his car.**　「それは彼の車じゃないよ。」

◀)) **This is her house.**　「これが彼女の家です。」

後ろに名詞をつけて my pen（私のペン）などというふうに使います。こうした my や your などの言葉は「所有格」と呼ばれます。「所有（＝持ち主であること）の役割を表す言葉の形」ということです。

it は「今さっき言ったそれ」

さて、英語には this と that の他に it というのがあります。

よく日本語で「それ」と訳されます。けれど気をつけないといけないのは、英語の it は「**今さっき言ったそれ**」のことを指す意味での「それ」であって、日本語の「あなたのところにあるそれ」は意味しません。

it は一応日本語に訳せば「それ」となるのですが、実際には訳されないことの方が多いです。日本語では「今さっき言ったそれ」というのは「さっき言ったばかりだから、言わなくてもわかるでしょう？」という気持ちが働いて、わざわざ言葉にはされないのが普通なのです。

◀)) **"Is that your bag? It is cool!"**
　　「それ、あなたのカバン？（それは）かっこいいね!」

ここでの it は「今言った、あなたのカバン」を指しています。

日本語で「それは」をいちいち言葉にしないのに負けないくらい、**it もすごく軽く短く発音されます**。

this や that に比べて it というのはとても短い言葉ですが、それは多分偶然ではなく、「わざわざ言葉にしなくてもいいくらいの軽い情報を述べるための言葉」だからだと思われます。

日本語文の意味に合うように、( ) の中にthis、that、itのいずれかを入れましょう。

① 「それはあなたのスマートフォンですか？」「いや、違います。」
　　"Is ( ) your smartphone ? " "No, ( ) isn't."

② 「これは私のタブレットです。新品です。」
　　( ) is my tablet. ( ) is new.

③ 「あれは私のスーツケースではありません。Bob のです。」
　　( ) isn't my suitcase. ( ) is Bob's.

chapter2

a と the と複数形を理解しよう

aと名詞

英語の「もの」には2種類の仲間がある

英語を組み立てていくのに大事な「名詞」と、それにまつわるアレコレをお話しします。

ものを見るとき、どこを見る？

カバンや家、木、イヌなど、「もの」を表す言葉のことを名詞というのでしたね。

実は私たちは「もの」を見るときに、無意識のうちに「仲間分け」をしています。

目の前に棒があります。ふつう、「棒が1個ある」とは言わず、「1本ある」と言いますね。細長いですから。

目の前に板があります。ふつう、「板が1個ある」とは言わず、「1枚ある」と言いますね。平らですから。

目の前に犬がいます。「犬が1個いる」とは言わず、「1匹いる」と言いますね。動物ですから。

このように、日本語を話す私たちは、ものや生き物を見るとき、ただ見るのではなく、**形の違い**（〜枚、〜本、〜台）や生き物の**種類の違い**（〜匹、〜羽、〜頭）を見て、無意識のうちに数え方を区別しています。

　実は英語も名詞を仲間ごとに区別しているのですが、日本語とは違ってその種類は2種類だけです。

1. 「形の仲間」：形を崩したら「○○」と呼べなくなるもの

　例えばテレビをバラバラにしてみましょう。バラバラにした破片や部品のことを「テレビ」とは呼べません。テレビという「形」が揃っているからテレビと呼ぶことができます。

　こういうものを、この本では「**形の仲間**」と呼びます。

バラバラにすると
テレビと呼べない

2. 「材質・性質の仲間」：いくら形が崩れても「○○」と呼べるもの

　例えば氷を砕いてみましょう。バラバラに砕いても氷はやっぱり「氷」です。チョコレートをいくら砕いても「チョコレート」です。水や空気をいくら分けても水は水ですし、空気は空気です。

　このようなものは、「形の仲間」ではなく「**材質・性質の仲間**」です。

チョコは
いくら割っても
チョコ
chocolate

名詞の前につく「a」って何？

　英語を勉強するときに、とっても大事で、だけどみんなが「?」となってしまう言葉があります。それは a pen や a car のような、名詞の前につく「a」という言葉です。よく「1つの」という日本語訳がついて来ることがあるのですが、正しくは、2つの大事な意味を持っています。

　今回はその2つの意味のうちの1つを勉強します。

　それは、

> **形がまるごと揃って、1つ存在している**　　　　　　です。

では次の2つの文を見てください。

A: This is chicken.　　　　　　**B: This is a chicken.**

A、Bのどちらかが「（生きた一羽の）ニワトリ」で、もう一方が「鶏肉」を表します。どちらがどちらだと思いますか？

答えは A が「これは鶏肉です。」で、B が「これは<u>ニワトリ</u>です。」です。

生きたニワトリは「形の仲間」です。ニワトリのクチバシや足だけを目の前に出されても、それは「ニワトリ」とは呼べません。1体まるごと揃ってこそ「ニワトリ」です。この「形が1つ、まるごと揃っている」ということを表すのが「a」という言葉の意味の1つです。だから a chicken だと「生きたニワトリ」が頭に浮かぶのです。

それでは、このニワトリをさばいて、肉、つまり「鶏肉」にしてみましょう。生きたニワトリとは違って、鶏肉には「これが鶏肉だ」という決まった形はありません。いくら切っても、ひき肉にしても、鶏肉は鶏肉です。ですから鶏肉は「材質・性質の仲間」です。形の仲間ではないので「形が1つ、まるごと揃っている」ことを表す「a」をつけることはできず、ただの chicken となるのです。

🔑 POINT　　**a のイメージ①　形が揃って「1 つまるごと」**

This is chiken!

47

練習問題 6

形の仲間と、材質・性質の仲間に分け、形の仲間の前にはaをつけましょう。

1.book

2.apple

3.chiken

4.pencil

5.chiken

6.cow

7.apple

8.beef

9.smartphone

aのもう1つの意味

なぜ a Takashi や a my pen とならないの？

前項で「形の仲間」が1つあったら、それには a をつける、というお話をしました。
例えば生きたニワトリが1羽いたら a chicken です。
a にはもう1つ、大事なイメージがあります。

例えば犬が1匹いたら a dog と言いますね。a のない dog だと、形が崩れて「犬の肉」という意味になりかねません。

では、犬を1匹飼っていて、名前が Pochi だったとして、a Pochi と言うのでしょうか？

他にも例えば、Takashi という人がいて、「生きた人間がまるごと1人」いるわけですから、これって「形の仲間」のはずです。じゃあ a Takashi って言うのでしょうか。

実は **Pochi にも Takashi にも a をつけません**。そこには a の持つ「もう1つの意味」が大きく関わっています。

a の持つ2つ目の意味：「種類」の箱の中からテキトーに1つ取り出す

この世には「犬」という種類の生き物がたくさんいます。「犬」という種類の箱の中から、テキトーに1匹、犬が取り出されてそこにいる……、それが a dog の感覚です。

この文が表す a dog は、<u>目の前にとある1匹の犬がいる</u>というイメージです。

特にどういう犬というわけでない、何の変哲もない犬が1匹、ポンとそこにいる。実際に「犬という種類の箱」がこの世にあるわけではありませんが、「ああ、犬と呼ばれる種類の生き物が1匹いるなぁ」という感覚をこのたとえから感じ取っていただけたらと思います。

a pen なら「ペンという種類の箱」から、a book なら「本という種類の箱」から、**テキトーに1つ、それぞれペンや本が取り出されてそこに存在する**という感じです。

うちのポチは a Pochi ではない

さて、飼い犬である Pochi や人間である Takashi、東京にそびえ立つ Tokyo Sky Tree（東京スカイツリー）、日本を代表する山である Mt. Fuji（富士山）……。

これらは「**この世に1つしかないもの**」で、固有名詞と呼ばれます。book や pen や dog との違いは何でしょう？

book や pen や dog は、モノや生き物の「種類」の名前です。

けれども世の中に Pochi という種類の生き物はありませんし、Takashi という種類の生き物もありません。この世に Tokyo Sky Tree という種類のものはありませんし、Mt. Fuji も種類名ではありません。

my dog!

テキトーな1匹じゃ
ないよ！

本という種類のモノの中から何でもいいから1冊取り出した、とある本が a book ですし、犬という種類の生き物からどんな犬でもいいから1匹取り出した、とある犬が a dog です。

でも固有名詞はそうはいきません。

もし a Takashi とすると、「Takashi という種類の人間の中から、誰でもいいから取り出した、とある1人の Takashi」という意味に、a Tokyo Sky Tree も「Tokyo Sky Tree という建物の種類から取り出した、とある1つの Tokyo Sky Tree」という意味になってしまいます。

こういうわけで、**固有名詞には a がつきません**。

また、**a は「my（私の）」「your（あなたの）」「his（彼の）」「her（彼女の）」や、「this（この）」「that（その・あの）」という言葉とも一緒には使いません**。

my pen は「他のペンではなくて、私のペン」ということです。でも a pen は「どんなペンでもいい、とある1本のペン」です。my pen が「私のペン」と言っている以上、「どんなペンでもいい」わけにはいきません。「あなたのペン」や「彼のペン」ではないのですから。

this book（この本）や that bicycle（あの自転車）なども同じ理由で a はつきません。

（　　　　　　　）の中の選択肢のうち、正しいものを選びましょう

① 「彼女は Beth です。彼女は学生です。」
She is (a Beth / Beth). She is (a student / student).

② 「あれは東京タワーですか？」「いえ、あれは東京スカイツリーです。」
"Is that (a Tokyo Tower / Tokyo Tower)?"
"No. That is (a Tokyo Sky Tree / Tokyo Sky Tree)."

③ 「それは私の自転車ではありません。」
That is not (a my bicycle / my bicycle).

④ 「ケンはお腹が空いています。」
(A Ken / Ken) is (a hungry / hungry).

「a の 2 つの意味」のおさらい

「モノの名前を表す言葉（名詞と言います）」には「形の仲間」と「材質・性質の仲間」の2種類があります。

「形の仲間」

人や動物などの生き物、自動車や本、パソコンやスマートフォンなど<u>「それ以上崩したら、それとは呼べなくなる形」</u>を持ったもので、多くの場合、動物の体や、自動車など、いくつかのパーツが集まって、全体で1つの機能を発揮するもの。

「材質・性質の仲間」

氷やガラス、水や空気、粘土やチョコレートなど、「いくら分けても砕いても、それはそれ」というものたちで、決まった形を持たないもの。

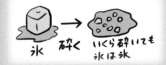

aの1つ目の意味

a は「形の仲間」を表す名詞の前について、「形がまるごと1個揃って存在している」ということを表します。

例えば a chicken なら「生きたニワトリがまるごと1羽いる」ということです。ですから決まった形を持たない「材質・性質の仲間」には a はつきません。例えば同じ chicken でも a がついてないと、ニワトリの形が崩れてしまい、鶏肉を意味することになります。

aの2つ目の意味

「種類」の中から、どれでもいいからテキトーに1つ取り出す、ということを表します。例えば a book なら「本」と呼ばれる種類の中からどれでもいいからテキトーに1冊取り出してそこにある本です。Takashi や Mt. Fuji など「それしかない」「種類を表さない」固有名詞には a はつきません。また、my pen や his bicycle など「他のでなく私の・彼の」などといった限定を表す言葉がつくと a は使えません。「その種類の中の、どれでもいいから1つ」というのが a の意味だからです。

「私の○○」ではなく「私のもの」

オしのものはオしのもの。お前のものは……

> すでに第5項で「my（私の）○○」などの表現を紹介しました。
> ここでは「私のもの」と言うときの表現を紹介します。

「my（私の）」「your（あなたの）」「his（彼の）」「her（彼女の）」「Bob's（Bobの）」
などの表現は物を「所有」していることを表すので「所有格」と呼ぶ、と学びました。

所有格は my book（私の本）とか、your house（あなたの家）のように後ろに必ず
名詞、つまりモノの名前がついていました。今回紹介するのは「～のもの」というこ
とを表す言葉たちです。

これらは「独立所有格」と呼ばれます。ちょっと難しい名前ですが、説明に必
要なので、この項を読む間だけでも、名前を覚えておいてください。

私のもの	mine	私の	my
あなたのもの	yours	あなたの	your
彼のもの	his	彼の	his
彼女のもの	hers	彼女の	her
Bobのもの	Bob's	Bobの	Bob's
私の父のもの	my father's	私の父の	my father's

　my と mine、your と yours、his と his……微妙に形が違うものもあれば、同じものもありますね。どうやって使い分けるのかを見てみましょう。

　まず、my ○○、your ○○、his ○○、her ○○……など、「所有格」には後ろに名詞がつきます。

my book	私の本	your money	あなたのお金
his smartphone	彼のスマートフォン	her pen	彼女のペン
Bob's notebook	Bobのノート	my father's desk	私の父の机

　ところが「独立所有格」は mine なら mine だけ、yours なら yours だけ、というふうに、それだけで使います。ですから「独立」という名前がついています。

🔊 **This book is mine.** 「この本は私のです。」

🔊 **That desk is hers.** 「あの机は彼女のです。」

英語ではなるべく繰り返しを避ける

何のためにこんな形があるのか、どんなときに便利なのか、というと、この独立所有格は「繰り返しを避ける」ときに便利な表現なのです。

例えば、This book is my book.（この本は私の本です。）は、英語では変な感じに聞こえます。book が繰り返されているからです。英語は日本語よりも、言葉の繰り返しを嫌います。そこで my book の代わりに mine を使って、This book is mine. としてあげるとスッキリします。

△ This money is your money.

 This money is yours.
「このお金はあなたのものです。」

「彼の○○」という所有格と、「彼のもの」という独立所有格はどちらも his という同じ形、同じ発音です。his car（彼の車）のように his の後ろに名詞がついていれば、その his は所有格で、his だけで使われていたら、独立所有格です。

That is <u>his house</u>.（あれが<u>彼の</u>家です。）　　→ his は所有格
That big house is <u>his</u>.（あの大きな家が<u>彼の</u>です。）　→ his は独立所有格

Bob's のように「's」を使う場合も、所有格、独立所有格ともに同じ形で使われます。

This is <u>Bob's bag</u>.（これは <u>Bob の</u>カバンです。）　→ Bob's は所有格
This bag is <u>Bob's</u>.（このカバンは <u>Bob の</u>です。）　→ Bob's は独立所有格

日本語文の意味に合う選択肢を選びましょう。

① 「このタブレットは私のです。」
This tablet is (my / mine).

② 「あれは彼女の T シャツです。」
※Tシャツ：「T-shirt」
That is (her / hers) T-shirt.

③ 「これはあなたの自転車ですか？」
Is this (your / yours) bicycle?

④ 「いいえ、これは私のではありません。」
No, this is not (my / mine).

⑤ 「このペンケースは彼女のではありません。」
This pen case isn't (her / hers).

the って何?

「他のじゃなくて、その〇〇だよ」「今言った、その〇〇」

これまでものの名前を表す言葉(名詞)の前につける「a」という言葉を学習しました。
今回は the という言葉について勉強します。

the も a と同じように、名詞の前につきます。けれども the は、a とは意味がだいぶ違います。

下の2つのの文の意味の違いは何でしょう。

◀)) ┌ **This is a tablet.**
　　└ **This is the tablet.**

a の 2 つ目の意味を思い出してください(第7項参照)。**「種類の箱の中からどれでもいいから1つテキトーに取り出す」**という意味でした。a tablet なら「タブレットという種類の箱から、何でもいいから1台、テキトーに取り出されたタブレット」というイメージです。This is a̱ tablet. なら、「これは、とある1台のタブレットです。」という意味です。

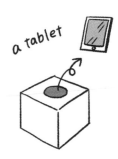

a tablet

では the tablet ならどうなるか、というと、**「さっき話に出てきた、その**タブレット」ということです。This is the tablet. なら「これがさっき話に出てきた、そのタブレットです。」という意味です。

初登場の a、古い情報の the

a tablet だと「テキトーに1つ取り出されたタブレット」
という感じなので、初登場のときによく使います。話の舞
台の上に、とある1台のタブレットがポンと登場する感じ
ですね。

例えば「これは、タブレットです。私は宿題でこのタブレッ
トをよく使います。」という文章の第1文、「これはタブレッ
トです。」が This is a tablet. に当たります。

the の根っこの意味は「**他のではなく、その〇〇だよ**」という区別です。

そこから、「他のではなく、今言ったその〇〇だよ」という意味でよく使われます。

例えば「昨日タブレットを買ったんだ。これがそのタブレットだよ。」という文章の
第2文、「これがそのタブレットだよ。」が This is the tablet に当たります。

まとめると、a は話の舞台上にポンと初めて出て来る「初登場の情報」、the は「さっき言ったその」という意味の「古い情報」を表すことがよくある、ということです。

　a も the も日本語にはない発想を表す言葉ですから、最初は難しく感じますが、慣れてくると、いろんな情報を与えてくれる便利な言葉だと感じるようになりますよ。

「the ＋名詞」と it の違い

　ちなみに it も「さっき言ったそれ」という意味ですから、the と似ていて混乱するかもしれません。

　it と「the ＋名詞」の違いは「言わなくてもわかるでしょ」の度合いの違いです。

This is the pen.　　「これが（さっき言った）そのペンです。」
This is it.　　　　　「これ（がさっき言ったそれ）です。」

　日本語訳にある通り、This is it. は「あ、これです、これです。」という感じで使う表現です。直訳すれば「これがさっき言ったそれです。」ですが、it は「わざわざ言わなくてもわかるでしょ」という感じがついて回ります。だから日本語に訳されないことがほとんどです。

　けれど the pen には「ペン」をちゃんと言葉にしないと伝わらないよね、という気持ちが表れています。

　同じ「さっき言った情報」でも、「the ＋名詞」に比べると、it は「言わなくてもわかる情報」を表すのに使われる言葉なのです。

日本語文を参考にして、（　　　）にaかtheのどちらかを入れましょう。

① 「Ken、こちらは Tom です。彼は学生です。」
Ken, this is Tom. He is (　　　) student.

② （昨日友人が買った車の話をしていて）「これがその車です。」
This is (　　　) car.

③ （Bob が買った新しい自転車を見て）「Bob、これは素敵な自転車だね。」
Bob, this is (　　　) nice bike.

④ （部屋に迷い込んできたネコが、誰のネコなのかをたずねられて）
「そのネコは私のです。」
(　　　) cat is mine.

⑤ （さっき通りかかった女の子が誰なのかとたずねられて）
「その女の子は Ann の友達です。」
(　　　) girl is Ann's friend.

<u>words and phrases</u>
student 「学生」　　car 「車」　　nice 「素敵な」
bike 　　「自転車」　☞ bicycle を縮めたもの。会話でよく使われる呼び方。
friend 　「友達」

the って何？いろいろな the の使い方

「目の前のthe」と「いつもの場所のthe」

the の根っこの意味は「他のでなく、その」ということです。根っこが単純なので、い
ろいろな使い方が出て来ます。
例えば、「ドアは開いているよ。」と言うときに、

◀)) The door is open.

と言いますが、この the door の the が表しているのは「目の前のそのドア」というこ
とです。日本語でも、ドアをノックしたときに中の人が「ドアは開いているよ」と言っ
たら、そのドアは「目の前のそのドア」に決まっています。こうした、「話の流れから
考えて、言わなくてもわかるでしょ。その○○だよ。」ということも the で表します。

その他にも、「ちょっと駅に行ってくるね。」とか「ちょっとスーパーに行ってくるね。」
と言うときにも the が使われます。
話し手と聞き手の間で「駅と言えばいつも使う最寄りのあの駅」とか、「スーパーと言
えば、いつも使うあのスーパー」という了解があるのが普通です。

ですからそういうときの「駅」は the station ですし、そういうときの「スーパー」は the grocery store* というふうに the がつきます。

固有名詞にはtheがつかない

例えば book は「本」と呼ばれる「種類」のものを表し、bicycle なら「自転車」と呼ばれる「種類」のものを表しますが、人の名前である Tom や、都市の名前である New York は種類名ではありません。こうした「それしかない」ものを表す名詞を固有名詞というのでしたね。

固有名詞に a がつかないことはすでに説明しましたが、実は the もつけられません。

例えば the book なら「世の中に本と呼ばれる種類のものはたくさんあるけれど、私が今言っているのは他の本ではなく、さっき言ったその本のこと」という意味を表します。

これを the New York とすると、「世の中には New York と呼ばれる種類の場所はたくさんあるけれど、私が今言っているのはさっき言ったその New York のこと」という意味になってしまうので普通、the はつけません。

※特にアメリカでは super market よりも grocery store と言う方が一般的です

65

the Tom も「他の Tom ではなく、その Tom」ということになり*、「Tom と言えばふつうあの Tom しかいないでしょ」という気持ちのときには the は使えません。

「他のじゃなくて」を表す言葉があれば、the はもういらない

例えば my book は「他の人の本ではなく、私の本」ということを表します。

the は「他のではなく、それ」という意味ですから、my book の前につけることができません。my によって「他のではなく、私の」という説明が済んでしまっているから、the はいらないのです。

このように my、your、his、Takashi's などの所有格や mine、yours などの独立所有格には the がつきません。

---

* 「君が言っているのは僕らの知っているあの Tom のことかい？」と言うときに the Tom（the を強調してザではなくジと発音します）という使い方をすることはあります。

66

コラム復習問題

日本語文に合う英文を作る場合、（　　　　）に必要な場合はtheを、必要でない場合は×を入れましょう。

① 「(今言ったその) 生徒が Ken です。」
   The student is (　　) Ken.

② (部屋にある時計を指さして)「時計は壊れているんだよ。」
   (broken：壊れている)
   (　　) clock is broken.

③ 「Ken、こちらは Adam です。」
   Ken, this is (　　) Adam.

④ 「(目の前にある) その本はあなたのですか？」
   Is (　　) book (　　) yours?

⑤ 「(今言った) そのカナダ人は私の先生です。」
   (　　) Canadian is (　　) my teacher.

答えと解説

① The student is (　×　) Ken.
② (　The　) clock is broken.
③ Ken, this is (　×　) Adam.
④ Is (the) book (　×　) yours?
⑤ (The) Canadian is (　×　) my teacher.

67

「複数形」って何？

なぜ鶏肉は chickens にならないの？

英語ではもの（名詞）が２つ以上あるとき、単語のおしりに -s（あるいは -es）がつきます。これを「複数形」と言います。これはただの「決まり」なのでしょうか？実はこれも、英語を話す人の「ものの見方」を表しています。

何でもいいからネコを1匹、頭に思い浮かべてみましょう。

①今みなさんの頭の中には「ネコ」という種類の箱から、適当に1匹、ネコが出てきました。そしてそのネコは、②生きたネコとして1匹まるごとの形を持っています。この２つのイメージを表すのが a の働きですから、今みなさんの頭に浮かんでいる1匹のネコは <u>a</u> cat です。

ではもう1匹、頭の中にネコを出してみましょう。合わせて2匹のネコです。これを英語では two <u>cats</u> と言います。cat ではなく、<u>cats</u> です。s がつきます。

2つ以上ならわざわざ形を変えるなんて、日本語にはない感覚ですが、これは実はただの「ルール」ではなくて、英語を話す人の「ものの見方」を表しています。

英語を話す人達は、世の中のものをざっくり2つに分けてとらえています。「材質・性質の仲間」と「形の仲間」です（第6項参照）。

英語では「形の仲間」の名詞が2つ以上あるとき、この名詞の語尾（単語のおしり）にsをつけます。これを「**複数形のs**」と呼びます（ちなみに、「s」のついていない普通の名詞の形は「単数形」と呼ばれます）。

この「複数形の s」は、「材質・性質の仲間」にはつきません。生きたニワトリが5羽いれば **five <u>chickens</u>** ですが、鶏肉がいくらたくさんあっても chickens とは言いません。<u>chicken</u> です。なぜ「複数形の s」は「材質・性質の仲間」にはつかないのでしょうか。

同じ「増えた」でも……

　例えば、川のそばに立って「最近川の水カサが<u>増えてきた</u>な」と言うときの「増えた」と、「最近この辺りに野良ネコが<u>増えた</u>な」の「増えた」の映像を考えてみてください。そこには大きな違いがあります。

　水カサが増えるとは、水のかたまりが大きくなるということです。でもネコが増えたり減ったりするとき、ネコのかたまりが大きくなったり小さくなったりするでしょうか？　もちろんそうではなく、ネコの<u>数</u>が増える、ということのはずです。

　これが「形の仲間」（ここではネコ）の増え方と、「材質・性質の仲間」（ここでは川の水）の増え方の違いです。

ネコ増えた!?

ネコ増えた!

　「複数形の s」、例えば cats の「s」が表している映像は、<u>ネコの形がコピーされるようにして増えていくものなんです</u>。「形の数」が1匹、2匹と増えていく cats のような名詞は、**数えられる名詞**と呼ばれます。英語で「数えられる」というのは「形の数」が「いくつ」あるのかということを意味します。

　一方、水はそういう増え方をしません。<u>「水のかたまり」がふくらんでいく増え方</u>です。「材質・性質の仲間」、つまり「量」がふくらんでいく water のような名詞は「**数えられない名詞**」と呼ばれます。

　形の数がいくつあるか、が英語の世界で「数える」ということですが、「材質・性質の仲間」にはその「決まった形」がないから「数えられない」のです。

　ですから water（水）には「形がコピーされていく」複数形の s はつきません。鶏肉を意味する chicken も、「いくら切っても鶏肉」の世界です。「これ以上崩したら鶏肉と呼べなくなる」という「形」は持ちません。鶏肉は、ネコのような「数」の世界ではなく、水のような「量」の世界のものだと、英語を話す人たちは考えています。ですから、いくらたくさんあっても鶏肉は chicken のままで、s はつきません。

tennis の s は複数形の s ？

ちなみに中学の英語の教科書でよく出て来るスポーツの種目名や勉強の科目名は「数えられない名詞」です。テニス（tennis）というスポーツや、数学（mathematics、略して math）という科目がネコのように形を複製して増えていったりはしませんよね。tennis はテニスが「どういう性質のスポーツ」なのか、mathematics は数学が「どういう性質の勉強」なのかを表しています。つまり、「材質・性質」の仲間なのです。ですから tennis や mathematics の最後についている s は複数形の s ではありません。

is は are に

　もう1つ大事なことがあります。

　A is B . の A の名詞が複数形のとき、is は are になります。

　つまり、A s are B . という形になります。

　例えば The cat is cute.（そのネコはかわいい）が The cats are cute.（そのネコたちはかわいい）となります。

複数形の具体的な作り方

複数形の s のつけかたにはちょっとしたルールがあります。

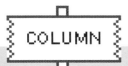

1.語尾にただsをつける

基本的には単語のおしりに s をつけます。

◀» 例　cat（ネコ）→ cats、chicken（ニワトリ）→ chickens、book（本）→ books、
car（車）→ cars、pen（ペン）→ pens、computer（パソコン）→ computers、
smartphone（スマートフォン）→ smartphones　など

ただし、発音は「ス」のとき（例：books）、「ツ」になるとき（例：cats）、「ズ」になるとき（例：cars）などいろいろなので、注意しましょう。「そうした方が発音しやすいから」という都合で決まっていることなので、すぐに慣れますから安心してください。

2.esをつける

・単語のおしりが -ch、-sh、-x、-s で終わるものには **es** をつけます。

これも、その方が発音しやすいと英語を話す人が感じているからです。語尾が「ス」や「シュ」「チ」などの音で終わるものは -es（ほとんどの場合、「イズ」と発音します）をつけます。例えば church（教会）は「チャーチ」ですが、churches は「チャーチィズ」と発音されます。

◀» 例　box（箱）→ boxes、glass（グラス）→ glasses、
bus（バス）→ buses、bench（ベンチ）→ benches

母音（ぼいん）と子音（しいん）

日本語で言う「**あいうえお（a, i, u, e, o）**」**が母音**です。この「あいうえお」の前に「k」の音がつけば「かきくけこ」、s の音がつけば「さしすせそ」になりますが、こうした「k」や「s」のような「**あいうえお（a, i, u, e, o）**」以外の音を子音と呼びます。

・「子音字＋ y」で終わる名詞は y を i に変えて es をつけます。

例えば lady（女性）は語尾の y の前に d という子音字があります。これが「子音字＋ y」の形です。こうした単語の場合、lady の y を i に変えて es をつけ、ladies とします。

◀)) **例** copy （「本や新聞の１部、１冊」：子音字 p ＋ y）→ copies
body （「体」：子音字 d ＋ y）→ bodies
fly （「はえ」：子音字 l ＋ y）→ flies
battery（「電池」：子音字 r ＋ y）→ batteries

とりかえて〜

・「母音字（a, i, u, e, o）＋ y」はそのまま s をつけます。

◀)) **例** boy（「男の子」：母音字 o ＋ y）→ boys
toy（「おもちゃ」：母音字 o ＋ y）→ toys
monkey（「猿」：母音字 e ＋ y）→ monkeys
key（「鍵」：母音字 e ＋ y）→ keys

どうぞ〜

・語尾が -o の単語は、複数形にするとき、普通は s をつけるのですが、中には es をつけるものもあります。

◀)) **例** tomato（トマト）→ tomatoes   potato（ジャガイモ）→ potatoes
hero（英雄）→ heroes

・語尾が -f や -fe で終わる名詞は -f や -fe を v に変えて -es をつけます。

◀)) **例** leaf（葉）→ leaves   knife（ナイフ）→ knives

3. 不規則

歴史的な理由から不規則な変化をする名詞もあります。これは覚えるしかありません。

◀)) 例
tooth（歯）→ teeth
man（人）→ men
child（子ども）→ children

foot（足）→ feet
mouse（ハツカネズミ）→ mice

4. 単数形も複数形も同じ形

これまた歴史的な理由から、単数形と複数形が同じ名詞もあります。

◀)) 例
fish（魚）、sheep（羊）、deer（鹿）、carp（鯉）
Japanese（日本人）、Chinese（中国人）、Vietnamese（ベトナム人）のように
-ese で終わる国民名

s がつかないからといって、「数えられない名詞（性質・材質の仲間）」なわけではありません。「数えられる名詞（形の仲間）」です。ただ、語尾に -s をつけないだけです。

こうした s のつけ方のルールは、後になって「動詞の語尾に -s をつける場合」（第16項コラム）にも役立ってきますので、しっかり練習して覚えましょうね。

this や I にも複数形はある

◀)) 最後に、this（これ）や that（あそこにあるあれ・そこにあるそれ）も複数形になると形が変わり、these（これら）、those（あれら・それら）となります。it（さっき言ったそれ）は they（さっき言ったそれら）になります。
また、I（私は）は we（私たちは）に、he（彼は）と she（彼女は）は、they（彼らは・彼女たちは）に変わります。you（あなたは）は、複数形になっても you（あなたたちは）のままです。

以下の名詞を複数形にしましょう。しっかり書いて、つづりも覚えましょう。

例 pen（ペン）　　　　　→ （ pens ）

① desk（机）　　　　　→ （　　　　　　）
② car（車）　　　　　　→ （　　　　　　）
③ chair（イス）　　　　→ （　　　　　　）
④ man（人）　　　　　　→ （　　　　　　）
⑤ child（子供）　　　　→ （　　　　　　）
⑥ fish（魚）　　　　　　→ （　　　　　　）
⑦ baby（赤ちゃん）　　→ （　　　　　　）
⑧ toy（おもちゃ）　　　→ （　　　　　　）
⑨ potato（ジャガイモ）→ （　　　　　　）
⑩ knife（ナイフ）　　　→ （　　　　　　）
⑪ tooth（歯）　　　　　→ （　　　　　　）
⑫ battery（電池）　　　→ （　　　　　　）
⑬ Japanese（日本人）　→ （　　　　　　）
⑭ I（私は）　　　　　　→ （　　　　　　）
⑮ he（彼は）　　　　　　→ （　　　　　　）
⑯ she（彼女は）　　　　→ （　　　　　　）
⑰ you（あなたは）　　　→ （　　　　　　）
⑱ this（これ）　　　　　→ （　　　　　　）
⑲ that（あれ・それ）　→ （　　　　　　）
⑳ it（今言ったそれ）　→ （　　　　　　）

a と名詞

バラバラにすると
テレビと呼べない

a のイメージ①
形が揃って
「1つまるごと」

a のもう1つの意味

a のイメージ②
「種類」の
箱の中から
テキトーに
1つ取り出す

a dog

「私の○○」ではなく「私のもの」

he   she

his dog
= his

her dog
= hers

yours
= your
money

my book
= mine

the って何？

「他のじゃなくて、その○○だよ」

the tablet

ポチ

「今言った、その○○」

「複数形」って何？

A is B

A s are B

chapter3

what と who と前置詞
を理解しよう

「これは何なの？」の型

これまで「彼は Tom ですか？」や、「これはあなたのカバンですか？」といった、「A は B ですか？」という質問文の型を勉強しました。でも「彼」が誰だかたずねたい、「これ」が何だかたずねたいときがありますよね。そこで、今回は「A は何ですか？」「A は誰ですか？」という質問の型を使えるようになりましょう。

Is this a desk? なら、「これは机なの？」という意味です。この a desk が仮にわからないとしましょう。すると、「これは何なの？」になりますね。日本語なら「これは机なの？」の「机」の位置に「これは何なの？」の「何」がやって来ます。

でも英語では、下のように言葉の並び方（語順）が違うんです。

POINT 「これは何なの？」の型

◀)) **Is this** | **a desk?**

「これは机ですか？」

◀)) **What** | **is this?**

「これは何ですか？」

こ… これが 机…？

78

　なぜこんなことが起きるのでしょう？　これがわかれば、whatを使った疑問文の語順も簡単にマスターできるようになります。

　その前に、皆さんもだいぶこの本に慣れてきたと思いますので、専門用語を少し覚えてもらいましょう。what（何）、which（どれ）、who（誰）、when（いつ）、where（どこ）、how（どうやって）、why（なぜ）といった疑問を表す言葉を「**疑問詞**」と呼びます。

☛　「詞」というのは「言葉の種類」というくらいの意味だと思ってもらえればいいでしょう。
　「名詞」なら「モノの名前を表す言葉の種類」、「疑問詞」なら「疑問を表すための言葉の種類」といったかんじです。

「大事なことから先に言う」

　第3項で最初に「AはBなの？」の型（疑問文）を勉強したとき、You are Mary.（あなたはMaryだよ。）がAre you Mary?（あなたはMaryなの？）という形になることを学びました。

　areが文の先頭に出て来るのは、areが一番大事な情報だからでしたね。

　「あなたはMaryなの？」の文で一番たずねたいことは、「Maryだよ（are）」なのか、それとも「Maryじゃないよ（are not）」なのか、どっちなのか、ということだから、一番大事な情報であるareから先に話されるわけです。今回もThis is a desk.（これは机です）が同じ理由でIs this a desk?（これは机ですか）になっています。

　さて、Is this a desk?のa deskの部分が何かわからないとき、「これは机ですか？」が「これは何ですか？」になります。

　このとき、一番たずねたいのは「何」ですから、次のようになります。

Is this a desk ? （これは机ですか？）
↓
Is this what ?
↓
What is this ? 「これは何ですか？」

大事だから前へ！

> What is this?やWho is this?
> など疑問詞を使う疑問文は
> 文末の声のトーンを上げないこと
> に注意してくださいね

一番言いたいことである what から先に話す。

そしてその後に残った疑問文をくっつける。 これが what の疑問文の作り方です。

who も使ってみよう

「何」を意味する what に続いて、「誰」を意味する who も使えるようになりましょう。言葉の並び方、つまり語順は what と同じ要領です。

Is this Kevin ？（こちらは Kevin さんですか？）
↓
Is this who?
↓
◀)) **Who** is this ?

「こちらはどなたですか？」

Kevin?

who?

Happy Halloween

1 ( ) の中の単語を並べ替えて日本語文にあった英文を作りましょう。

① 「(そこにある) それは何なの？」
(that, what, is)?

② 「(今言った) それって何？」
(is, it, what)?

③ 「彼は誰なの？」
(he, is, who)?

2 複数形でも作ってみましょう。

① 「(そこにある) それらは何なの？」
(are, those, what)?

② 「これらは何なの？」
(these, what, are)?

③ 「彼女たちは誰？」
(are, they, who)?

④ 「あなたたちは誰ですか？」
(who, you, are)?

「whose＋名詞」と「whose単独」

12

2種類のwhoseを使えるようになろう

今回はwhoseという言葉を勉強しましょう。
語順がややこしいので、この項でしっかり理解してマスターしましょう。

whoに形が似ていることでわかる通り、whoseはwhoの仲間です。

whoseは使い方がhisという言葉に似ています。

hisは「his＋名詞」で「彼の〇〇」といえますが、his単独で「彼のもの」としても使えます。

whoseも同じです。「whose＋名詞」で「誰の〇〇」ですが、whose単独で「誰のもの」を意味します。

「誰の〇〇」という、所有格の「whose＋名詞」

This is his car.（これは彼の車です。）を、whoseを使った疑問文「これは誰の車なの?」に変えてみましょう。

まずはisを文頭に出して、疑問文を作ります。

🔊 **Is this   his car?**

（これは彼の車なの?）

(Is this his car?)

82

his car の his を whose に変えて「誰の車」とすることができます。

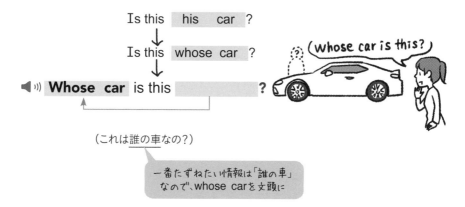

（これは誰の車なの?）

> 一番たずねたい情報は「誰の車」
> なので、whose carを文頭に

「誰のもの」という、独立所有格の whose

This car is his.（この車は彼のものです。）を whose を使った疑問文「この車は誰のなの?」に変えてみましょう。

まずは is を文頭に出して、疑問文にします。

◀)) **Is　this car　　his?**

（この車は彼のなの?）

his を whose に変えて 「誰のもの」 とすることができます。

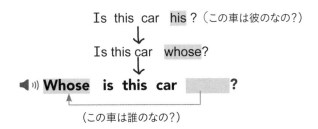

Is this car his? (この車は彼のなの?)
↓
Is this car whose?
↓
◀›) **Whose is this car** ?

(この車は誰のなの?)

　所有格の 「whose ＋名詞」、独立所有格の 「whose 単独」、どちらを使っても構いません。両者の語順の違いとその仕組みをしっかりと理解して、なおかつ自分で文を作れるように語順をマスターしておくことが大切です。

（　　　　　）の中の単語を、問題の日本語文に合うよう並べ替えて、適切な英文を作ってください。

① 「これは私の本だよ。」
（ my, is, this, book ）.

② 「この本は私のだよ。」
（ book, mine, this, is ）.

③ 「これは誰の本なの？」
（ book, is, whose ）this?

④ 「この本は誰のなの？」
（ this, whose, is ）book?

⑤ 「(今言った) それは、誰の帽子なの？」 （帽子：hat）
（ is, hat, it, whose ）?

⑥ 「(今言った) その帽子は誰のものなの？」
（ the, whose, hat, is ）?

⑦ 「これらは誰の鍵？」
（ whose, keys, are ）these?

⑧ 「(今言った) それらは私のだよ。」
（ mine, are, they ）.

「いる・ある」を意味するbe動詞

13

これまで is, am, are といった「です」を意味する言葉を使ってきました。
「ペン」や「Tom」のような、モノや人の名前を表す言葉は「名詞」と呼びますが、「作る」とか「歩く」とか「寝る」といった「モノや人がどんな動きをするのか」を表す言葉は「動詞」と呼びます。ここでは「動詞」についてお話ししましょう。

　　動詞は「**動き**」だけでなく「モノや人がどんな**状態**なのか」ということも表します。「です」を意味する is, am, are といった言葉は「状態」を表す動詞の一種で、特に「be動詞」と呼ばれます。この be 動詞には「です」の他にもう1つ、意味があります。

　　be 動詞のもう1つの意味とは、「**います**」「**あります**」というものです。

in:「〜の中に」

◀)) **He is in Tokyo now.**

「彼は今、東京にいます。」

います

in Tokyo

◀)) **The camera is in the box.**

「(今言った)そのカメラなら(目の前のその)箱の中にあります。」

あります

in the box

He is a student.（彼は学生だよ。）や The camera is expensive.（そのカメラは高価です。）のように「です」を表したり、He is in Tokyo. や The camera is in the box. のように「います・あります」という意味を表すこの「be 動詞」の正体は何なのでしょう?

正体は「〜という状態で存在している」

be 動詞の正体は「**〜という状態で存在している**」です。

一見すると「です」と「いる」は違うことを言っているように見えるのですが、実はどちらの意味も「〜という状態で存在している」という根っこの意味から出てきています。

— He is a student.

　　彼は学生という状態で存在している →「彼は学生だ。」

— He is in Tokyo now.

　　彼は今、東京の中、という状態で存在している

　　→「彼は今東京にいる。」

必ずというわけではありませんが、多くの場合、**be 動詞の後ろに「場所」を意味する言葉**が来ると、その be 動詞は「いる・ある」という意味になります。ここでは in Tokyo（東京に）が「場所」を意味する言葉です。

こうした in のような言葉は前置詞と呼ばれますが、詳しくは次の項で説明します。

「A is 場所」の型

　この項では、場所を表す言葉を2つ覚えましょう。

　これまでに、this（これ）、that（あれ・それ）という言葉を覚えました。今回は here（ここに・ここで）、there（あそこに・あそこで／そこに・そこで）という言葉が登場します。

　this や that にちょっと似ていてややこしい感じに思えるかもしれませんが、違いは明白です。

　here や there は「**場所**」を表します。日本語でも「この場所から動かない」ことを表すのに「私、ここで待ってる。」と言うことができます。

　しかし、this や that は「**もの**」を表します。日本語で、場所の話をするのに「私、これで待ってる。」とは言わないのと同じように、this や that はそのままでは「場所」の意味にはなりません。

　here や there は「場所」を表すので、be 動詞（is、am、are）とくっつくと「いる・ある」という意味になります。

◀))
┌─ **I am here.** 「私はここにいるよ。」
　　　　場所
└─ **Emily is there.** 「Emily はそこにいるよ。」
　　　　　　　場所

　もしこれを this や that にすると……

✕ I am this. 「私はこれです。」
　　　　もの
✕ Emily is that. 「Emily はそれです。」
　　　　　　もの
という意味になってしまいます。

88

（　　　　）の中の単語を並べ替えて、日本語文に合う英文を作りましょう。
ただし、それぞれの問題には余分な単語が1つずつありますので、それは除い
てください。文の先頭は大文字で始めましょう。

① （Kate はどこにいるの？と聞かれて）「彼女なら、そこにいますよ。」
　　She (is, that, there).

② （自分の名前を呼ばれて）「私はここです！」
　　I (here, this, am)!

③ 「Bob なら、今はいません。」
　　(not, Bob, here, this, is) now.

④ 「ねえ、あなた、そこにいるの？」
　　Hey, (you, that, there, are)?

⑤ （車などで目的地に向かって移動していて）「（私たち）もう着いた？」
　　(we, that, there, are)?

場所を表すinとatとon

14

前置詞って何?

今回は前置詞(ぜんちし)と呼ばれる言葉を、少しずつ勉強していきます。
「詞」というのは「言葉の種類」のことでしたね。前置詞というのは「名詞の前に置く言葉の種類」のことで、日本語の「〜へ」「〜に」「〜で」などにあたります。元々は場所や位置を表す役割から始まった言葉です。

「机に」の「に」のように、日本語なら名詞(ここでは「机」)の後ろに「場所を表す言葉」(ここでは「に」)が来るのですが、英語では on the desk の on のように、名詞の前に来ます。だから前置詞と呼ばれます。

> 英語を勉強するにあたって、この前置詞というのが一番難しいかもしれません。でもこの本では前置詞がどんな映像を見せてくれるのかを解説するので、結構わかりやすいと思います。安心してください。

今回は場所を表す前置詞を3つ勉強します。

◀)) in「〜の枠の中、空間の中で」

in は枠や空間に囲まれているイメージを持つ言葉です。

The ball is in the box.

「(今言った)そのボールなら、(目の前のその)箱の中ですよ。」

なら、「箱」という空間の中にボールがあることを表しています。

John is <u>in New York</u> now.

「John なら今<u>ニューヨークにいます</u>。」

なら、ニューヨークという<u>地域の枠の中</u>に John がいることを表します。ちなみにここでの be 動詞（= is）は、すぐ後ろに <u>in</u> the box や <u>in</u> New York という場所を表す表現をともなっているので、「いる・ある」という存在の意味になります（前項参照）。

◀》 at「移動していく点を指す」

at は移動していく点を指すイメージを持つ言葉です。

例えば、家を出て、電車に乗って隣町へ行く途中、いろいろな地点を通過します。このときに、下のように言えば、「ずっと移動していく中で、今は駅という地点にいる。もう少ししたらまた別の地点に向かう」という感覚が出ます。

I am <u>at the station</u> now. 「(私は) 今、<u>駅</u>です。」

カーナビの画面上に移動中の赤い点があって、ちょうど今は駅のところで光っている、という感じです。in と比べてみましょう。

I am <u>in the station</u> now. 「(私は) 今、<u>駅にいます</u>。」

日本語にすると同じですが、in は「空間の中」なので、in

the station は駅の敷地や建物の中にいる映像、そして建物や敷地という空間の映像が浮かんで来ます。また、「空間の中」ということは「空間の外には出ない」＝「移動せずじっとしている」ということなので、じっとしているイメージが出ます。

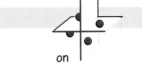

◀)) on 「接している」

My cat is <u>on</u> the sofa.

「私のネコは（さっき言ったその）ソファの上にいます。」

on は「～の上に」という意味が多いのですが、実際には**下でも横でも接していれば on** です。例えば、以下のように、「上」でなくても接していれば on です。

wall:「壁」

His picture is <u>on</u> the wall.

「彼の絵が壁にかかっている。」

ceiling:「天井」

The two lights are <u>on</u> the ceiling.

「その2つのライトは天井につけられている。」

👉 ここでのthe wall、the ceilingのtheは、話し手と聞き手の間で「わざわざ言わなくてもわかるでしょ」というふうに、どこの壁、どこの天井なのか「特定」ができていることを表します。

なぜ「上」になることが多いのかと言えば、私たちが地球の重力の中で暮らしているからです。壁や天井に、例えばタオルを投げつけてもくっつかずに落ちますが、テーブルの上にハンカチを投げれば、ハンカチはテーブルの上に乗ったまま（＝接したまま）になります。結局「何かの上に乗っている」のが一番自然な「接している」状態なので、on は「～の上に」という意味になる機会が多くなります。

（　　　　　　）の中に、日本語文の意味に合わせてinか、atかonを入れましょう。

① 「（今言ったその複数個の）ボールなら、
　（あなたも知っているその）テーブルの上にあります。」
　The balls are (　　　) the table.

② （彼は移動中で、）「彼は今、（さっき言ったその）バス停にいるよ。」
　（バス停：bus stop）
　He is (　　　) the bus stop now.

③ 「（今言ったその）時計なら（そこにあるその）壁にかかっている。」
　The clock is (　　　) the wall.

④ 「彼は今その家の（外ではなく）中にいますよ。」
　He is (　　　) the house now.

⑤ 「その箱なら、私の車の中です。」
　The box is (　　　) my car.

「これは何なの?」の型

What is this?

こ…これが机…?

whose+名詞」と「whose 単独」

whose car is this?

Whose is this car?

「いる・ある」を意味する be 動詞

be a baby
存在している
赤ちゃんという存在

be a student
学生という状態
存在してるカクニン

場所を表す in と at と on

in

at

on

chapter4

一般動詞と do と does

「〜する」動詞を使ってみよう

主語と動詞と目的語って何？

ここからは「一般動詞」と呼ばれるものを勉強します。その前に、とっても大事な「主語（しゅご）」と「動詞（どうし）」という言葉を説明しておきます。

主語というのは「その文の中での主役」です。動詞というのは**その主役（主語）が行う動作**です。

これまで be 動詞について習ってきました。be 動詞は「〜という状態で存在している」ことを表します。あんまり動いている感じがしませんが、これも動詞の一種なんです。「**A** is **B**」の型は、「**A** が **B** の状態で存在している」ということを表しています。**A** が話の主役、つまり主語で、そして is が動詞です。

◀)) Tom is a student.

主語：話の主役　be動詞：ある状態で存在している

「Tom は（とある 1 人の）学生という状態で存在している」＝「Tom は学生だよ。」

英語の語順は、まず話の主役である主語から話して、その後に、その主語がどんな動作をするのかを説明する動詞が来ます。

今回勉強する「一般動詞」は「歩く」「遊ぶ」「寝る」「読む」「見る」など、**いろんな「〜する」を表す動詞**です。これまで習った be 動詞と同じく、主語の後に持って来ます。

96

── I **walk.** （私は歩く。）

◀)) ── I **sleep.** （私は寝る。）

── I **hit** the ball. （私はそのボールを打つ。）

── I **close** the door. （私はそのドアを閉める。）

目的語って何？

上の例文を見ていると、２種類の動詞があることに気づきます。

１つは、walk（歩く）や sleep（寝る）のように「自分が自分だけでやる動き」です。動詞の力のイメージはこんな感じ。

POINT　**自分から出た力が自分を動かす動詞**

I **walk.**
私　歩く
「私は歩く。」

I **sleep.**
私　寝る
「私は寝る。」

自分から出た動作の力が自分自身を動かしているような感じです。自分から出た力によって自分が歩く、自分から出た力によって自分が寝る、といった感じです。

97

もう1つは hit（〜を打つ）や open（〜を開ける）のように、**「自分以外のものに力をぶつける動き」**です。こちらの動詞の力のイメージはこんな感じです。

POINT　自分から出た力を自分以外のものにぶつける動詞

I hit the ball.

私　　　　　ボール

「私はそのボールを打つ。」

I close the door.

私　　　　　ドア

「私はそのドアを閉める。」

　　自分から出た「打つ」という力を、自分以外のものであるボールにぶつけたり、自分から出た「閉める」という力を自分以外のものであるドアにぶつけます。

　　今は覚える必要はありませんが、walk（歩く）や sleep（寝る）のような「自分が自分だけでやる動き」を表す動詞を「自動詞」と呼びます。そして hit（打つ）や close（閉める）のような「自分以外のもの（他者）に力をぶつける動き」を表す動詞を「他動詞」と呼びます。

　　「自分以外のものに力をぶつける動き」を表す動詞を使うとき、**「力をぶつける相手」**のことを「目的語」と呼びます。ここでは the ball と the door が目的語です。「主語」と「動詞」と「目的語」はとても大事な言葉なので覚えておいてください。

日本語文の意味に合わせて単語を並べ替え、自然な英文を作ってください。

① 「私はジャンプする。」　　　(jump；ジャンプする)
(jump, I).

② 「私は泳ぐ。」　　　(swim；泳ぐ)
(swim, I).

③ 「私は自分の自転車を押す。」　　　(push；押す)
(bicycle, I, my, push).

④ 「私は（目の前にあるその複数の）窓を開ける。」(window；窓)
(the, open, windows, I).

⑤ 「私は（一通の）手紙を書く。」　(write；書く　letter；手紙)
(a, I, letter, write).

私、あなた、人称って何？

3人称単数現在の s

今回は「人称（にんしょう）」という言葉と、「3人称単数現在の s」という言葉を解説します。英語を勉強すると必ず出て来る言葉なので、面倒ですが、わかっておくに越したことはないんです。こういうことがわかると、学校の先生の説明や、参考書の解説が楽に理解できるようになりますので、頑張ってこの項を読んでくださいね。

「人称」というのは、①「話している**自分**（私）」、②「自分から見た**相手**（あなた）」、③「自分と相手以外の**第3者**（彼、彼女、それ、など）」の3つに分かれます。

　舞台を想像してみてください。そこに1人目の登場人物が出て来ます。この人は自分のことを説明するのに「私は……」と言います。「1人目（first）に出てきて**自分のことを話す**人（person）」、これが「1人称（the first person）」です。よくゲームで自分の目で実際に見ているかのような映像のことを「1人称視点」と呼びますね。

　さて、次に２人目の登場人物が出てきました。この人に対して、１人目の人（私）は「あなたは……」と呼び掛けます。この**呼びかける相手**が「２人称（the second person）」です。「自分」が話す「相手」のことですね。

　さて、この２人が、話の舞台上にいない第３者の話をします。「そう言えば Tom はさぁ……」「彼はいつも……」というような、**自分と相手以外の第3者**（人だけでなく、動物や、物も含みます）のことを「３人称（the third person）」と言います。

３人称単数現在の s とは？

　ここで、それぞれの人称を表す言葉を確認しましょう。

		１人称	２人称	３人称
◀◻))	単数	I （私）	you （あなた）	he, she, it （彼、彼女、今言ったそれ）
	複数	we （私たち）	you （あなたたち）	they （彼ら、彼女たち、今言ったそれら）

　これらの言葉に対応する be 動詞は以下の表の通りです。I のときは am で、he、she、it のときは is、それ以外はすべて are です（you がなぜ単数形（あなた）でも複数形（あなたたち）でも are になるのかは、次項のコラムで説明します）。

		１人称	２人称	３人称
◀◻))	単数	I am...	you are...	he is..., she is..., it is...
	複数	we are...	you are...	they are...

101

「3人称単数現在」の s

今回の話の主役は、「**主語が3人称単数の場合の一般動詞の現在形のとき、動詞の語尾に s がつく**」ということです。

いきなり難しいので1つずつ説明します。

◎3人称単数というのは he とか she とか it とか、さらには Tom とか Mary とか、the cat とか、the house とか、そういう言葉で、**「私」でも「あなた」でもない**「自分たち以外の第3者」で、なおかつ**単数**なので「彼ら」とか「それら」という複数ではない、ということです。

◎一般動詞というのは前項で出てきた、walk（歩く）とか sleep（寝る）とか、open（開ける）とか、要するに**「〜する」ということを表す動詞**です。
別の言い方をすれば、is、am、are といった **be 動詞以外の動詞**ということです。

◎そして現在形というのは後（第27項）で詳しく説明しますが、今のところは「**〜した」ではなく「〜する**」ということを表している動詞だ、と考えて結構です。

　要するに、he とか she とか Tom とかの、３人称単数の言葉が主語になって、一般動詞の現在形を使うとき、**動詞の語尾に s がつきます**。

The cat walks.　　「そのネコが歩く。」

She sleeps.　　　「彼女が眠る。」

play:「(ゲームや球技)をする」
Mary plays basketball.　　「Mary はバスケをする。」

like:「〜を好む・気に入っている」
He likes the novel.　　「彼はその小説を気に入っている。」
novel:「小説」

　英語を勉強していて、この s をつける感覚を体に染み込ませるのには、かなりの練習を必要とします。英文を読むだけでなく、英文を作る練習をして、できるだけ早く身につけましょう。

なぜ「あなた」も「あなたたち」も you なの？

　　　　　　　英語で「私は」は I、「私たちは」は we というふうに形が異なり
ます。he、she、it は全部まとめて they という形になります。ところが、「あなたは」と「あ
なたたちは」を意味する言葉はどちらも you で、くっつく be 動詞はどちらも are です。
今回は一体なぜこんなことが起きたのかをお話しします。

まず日本語で考えてみましょう。
皆さんは、日常生活の中で目の前の人に面と向かって「あなた」と言えますか？　相
手を注意したり、相手よりも上の立場に立って話したりする場合を除けば、普通は人
に対して直接「あなた」とは言わないと思います。例えば特に親しい人でもない限り、
相手のことをベタベタ触ることってできないですよね。言葉を使って「人を指す」の
は心理的には「人に触る」のと同じ圧力や緊張感があると言われています。ですから、
面と向かって「あなた」とは、やはり言いにくいものです。

さて英語を見てみると、もともと you というのは「あなた」で
はなく「あなたたち」を意味する言葉でした。つまり、you は
もともと複数形だったのです。「あなた」という単数形を意味する言葉は thou という
言葉でした。聖書では thou は、神が人間のことを「汝は」と呼ぶときに使っています。
日本語でも目下の人間に対して「あなたねぇ」「君さぁ」と言うことはあります。この
ように目の前の相手を直接指す言葉はどうしてもきつい表現になってしまうのです。
だから日本語は目の前の相手に「あなた」という言葉をで
きるだけ使わなくなったのですが、英語は主語をはっきり
言う言葉なので、そうはいきません。そこで、複数形の
you を代わりに使うことで「きつさ」を和らげるようになりました。

「あなたたち」であれば、「あなた１人のことだよ！」という特定する感じがなくなります。複数形は「ぼやける」わけです。これと似たような現象は、フランス語やイタリア語やポルトガル語など、他のいくつかのヨーロッパ語の「あなた」にも見られます。

このように you は、「ていねいに相手を呼ぶ」ために始まった言い方なのです。そういうわけで you につく be 動詞は複数形の are の形をとります。

３人称単数現在のsのなぞ

話は変わって、３人称単数の主語が来るときの現在形の一般動詞にはなぜ s がつくのか、の話をしましょう。

結論から言うと、歴史のいたずらです。大昔の英語では１人称でも２人称でも動詞の語尾には何らかの形がついていました。でも時代とともにだんだん取れてなくなっちゃいます。その方が発音しやすかったのが原因だと言われています。その中で最後まで残ったのが「３人称単数現在の s」だと言われています。ひょっとしたら、何百年か後にはこの s も消えてなくなるかもしれません。わからないですけど。

そういうわけで歴史的に見れば特に意味のない「３人称単数現在の s」ですが、英語を話す人間にとっては、この s がついてないととても気持ち悪いそうです。だから心理的には何か意味があるのかもしれません。

you のところで話したように、「ぼやける複数形」とは違って単数形は「個人を特定する緊張感」があります。そしてここにいる「私とあなた」とは違う、ここにいない人の話をするのが３人称ですから「はっきり印をつけて話したい」気持ちがあるかもしれません。あくまで私の想像ですが。

そんなわけで、私は英語を話すとき、「彼」や「彼女」にはっきり印をつける気持ちで「３人称単数現在の s」を一般動詞の現在形に使うようにしています。おかげでスムーズにこのルールを使いこなせている気がします。

COLUMN

3人称単数現在のsのつけ方を知っておこう

動詞の「3人称単数現在の s」のつけ方は名詞の複数形の s の
つけ方に似ています。

◀)) **普通は語尾にそのままsをつける**

run（走る）
例 He runs. 「彼は走る」

cook（料理をする）
例 Jake cooks. 「Jake は料理をする。」

speak（話す）
例 Keiko speaks English. 「Keiko は英語が話せる。」

※ speak Englishのような「speak＋言語名」は、「話す」という意味だけでなく、「話せる」という意味
でも使われます

◀)) **語尾にesをつける場合**

-ss や -sh、-ch など「ス」や「シュ」、「チ」などの音で終わる動詞、あるいは go の
ように o で終わる動詞の語尾には -es をつけます。es は多くの場合「イズ」と発音さ
れます。

catch（捕まえる）
例 The police officer catches the thief.　　※ police officer:「警官」 thief:「泥棒」

　「（今言った その）警官は（今言った その）泥棒を捕まえる。」

push（押す）
例 She pushes a shopping cart.

　「彼女は（とある1台の）ショッピングカートを押す。」

pass（パスする・渡す）
例 He passes the salt. 「彼は塩を渡す。」

106

go（行く）

例 He goes to school.　「彼は学校に通う。」（to は「〜へ」という意味です）

　　※ goesの-esは「イズ」ではなく「ズ」と発音します

do（する・行う）

例 She does it.　「彼女は（さっき言った）それをする。」

　　※doesの発音は「ドゥーズ」ではなく「ダズ」です。）

◀)) 「子音字＋y」で終わる動詞

子音字とは「母音字（a, i, u, e, o）」以外の音の文字です。語尾の y を i に変えて es
をつけます。

try（試す・試みる）（子音字 r ＋ y）

例 She tries it.　「彼女は（さっき言った）それを試してみる。」

cry（泣き叫ぶ）（子音字 r ＋ y）

例 The baby cries.　「（目の前の）その赤ちゃんは泣き叫ぶ。」

fly（飛ぶ）（子音字 l ＋ y）

例 A bird flies.　「鳥が 1 羽、飛ぶ。」

とりかえて〜

◀)) 「母音字＋y」の場合はそのままsをつける

play（遊ぶ・球技やゲームをする）→「母音字 a ＋ y」

例 Tom plays games.　「Tom はゲームをする。」

どうぞ〜

◀)) 形が全く変わるもの

have → has　「持っている」

例 She has two brothers.　「彼女には男兄弟が 2 人いる。」

（　　　）の中の動詞を、正しい形にしましょう。

例　「彼は（とある一冊の）本を読む。」（read :「読む」）

He (read) a book.　　→ **答** 主語が 3 人称単数の he なので、<u>reads</u>

「私はカメラを 1 つ持っている。」（camera :「カメラ」）

I (have) a camera.　　→ **答** 主語が 1 人称単数の I なので、<u>have</u>

① 「Mary は日本語が話せる。」　　（Japanese :「日本語」）

Mary (speak) Japanese.

② 「（とある 1 匹の）ミツバチが飛ぶ。」　（bee :「ミツバチ」）

A bee (fly).

③ 「Jason は 2 冊本を持っている。」

Jason (have) two books.

④ 「彼らは米を食べる。」　（eat :「食べる」　rice :「米」）

They (eat) rice.

⑤ 「Michael は彼の自転車を押す。」

Michael (push) his bike.

⑥ 「私の父は教会に行く。」（church：「教会」）

My father (go) to church.

⑦ 「Bob は（そこにあるその）砂糖を渡す。」 （sugar：「砂糖」）

Bob (pass) the sugar.

⑧ 「Mike はサッカーをする。」 （soccer：「サッカー」）

Mike (play) soccer.

⑨ 「私はテレビを見る。」 （watch：「見る」）

I (watch) TV.

⑩ 「Ann は（とある１つの）ボールをキャッチする。」

Ann (catch) a ball.

基本の動詞を使いこなそう

力の方向をつかむ

「まずは知っておきたい一般動詞」を紹介していきます。動詞という単語だけを覚えてもだめで、どういう文の中でどう使われるのかまで覚えることが重要です。

例文を通して動詞の力の方向、つまり自分が自分でやる動き（自動詞）なのか、自分以外のものに力をぶつける動き（他動詞）なのか、を理解し、例文ごと覚えましょう。

◀)) **go（行く）と come（来る）**

どちらもよく to と一緒に使います。**to は「→」のイメージを持つ言葉**で、to Ａ で「Ａ に到達する」という意味です。go（行く）も come（来る）も「自分から出た力が自分を移動させる」という意味で、第 15 項で説明した walk や sleep と同じ型です。

自分から出た力が自分を移動させる「自動詞の力の方向」

I `go` **to the station.** 「私は（いつも行くその）駅に行く。」
　　行く　どこへ？　　駅

go は「今いるところから離れて」どこかに行くイメージを持ちます。主語が3人称単数のときには goes という形になります。

Mary `goes` **to Tokyo.** 「Mary は東京に行く。」
　　　　行く

come は「話している人のところに近づく」イメージを持ちます。

house：「家」

He `comes` **to my house.** 「彼は私の家にやって来る。」
　　来る　どこへ？　私の家

◀»)) **have：〜を持っている**

主語が3人称単数のときには haves ではなく、has という形になります。

他動詞の力の方向：主語 I から出た「持っている」という力がa carにぶつかる

I **have** **a car.**
私 　持ってる　車

「私は車を1台持っている。」

—many：「多くの」

Anna **has** **many books.**
Anna　持ってる　　　　　複数形

「Anna はたくさんの本を持っている。」

◀»)) **get ：〜を手に入れる**

have が「持っている」という「状態」であるのに対して、get は「それまで持っていなかったものを手に入れる」という「変化」を意味します。

—ticket：「チケット・切符」

I **get** **a ticket.**
私　手に入れる　チケット

「私はチケットを手に入れる。」

◀»)) **make：〜を作る**

「好きな形にしてしまう」というのが根っこの意味で、「材料を、ある形にしてしまう」という意味での「作る」です。

—sandwich：「サンドイッチ」

I **make** **sandwiches.**
私　作る　　　　複数形

「私はサンドイッチを（複数個）作ります。」

☞ 材料を「サンドイッチという形にしてしまう」という感覚が根っこにあります。

111

🔊 like：〜を好む・気に入っている

「身近に感じる」という語源から「自分に合っている」→「好きだ」という意味になった言葉です。

suitcase：「スーツケース」

I <u>like</u> **this suitcase.**
　　好き

「私はこのスーツケースを気に入っています / いいなと思っています。」

shirt：「シャツ」

I <u>like</u> **your shirt.**
　　好き　君のシャツ

「君のシャツいいね。（直訳；私は君のシャツが好きだ）」

🔊 take：〜を取る

「目の前にあるものを手に取る」ことを意味する動詞です。

money：「お金」

I <u>take</u> **this money.**
　　手に取る　このお金

「（私は）このお金をもらっておくよ（直訳；お金を取る）。」

そこから「take 人 to 場所」には「人 を 場所 に連れて行く」という意味が出ます。

garden：「庭」

I <u>take</u> **Kate** <u>to</u> **the garden.**
私　取る　　　　　　　　　その庭
　　　　　　どこへ？

「私は Kate を庭に連れて行く。」
（直訳：「私はKateを取って、（そこにあるその）庭へ到達する）」
　👉 Kateの手を取り連れて行くイメージ

112

🔊 work：働く・仕事をする・勉強する

「作業する」を根っこの意味に持つ言葉で、仕事の作業をすれば「働く」、勉強の作業をすれば「勉強する」という意味になります。状況に応じてどちらの意味でも使えます。

work という動詞が持つ「力の方向」は「自分が自分で作業する」で、つまり自動詞です。第 15 項で説明した walk や sleep と同じ型の動詞です。

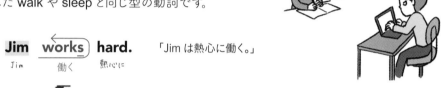

I work hard.

Jim <u>works</u> **hard.**　　　「Jim は熱心に働く。」
Jim　　働く　　熱心に

目的語と副詞

work の後ろについている hard（熱心に）という言葉は目的語ではありません。普通、目的語というのは「私は『ドアを』開ける。」の「ドアを」のように、「〜を」で表される言葉です。

🔊 **I　open　the door.**　　　「私は（目の前にあるその）ドアを開ける。」
私　　開ける　　ドア
　　　　　　　　└目的語

「熱心を作業する」というのはおかしいので、hard は目的語ではありません。hard は「どんなふうに work するのか」という、動詞の様子を表す言葉です。これを「副詞」と呼びますが、この用語はまだ覚えなくても大丈夫です。

　なお、hard は「固い」「難しい」「熱心に」など、いろいろな意味を持ちます。もともとは「固い」という意味の言葉で、「固いものを砕くのは難しい」から「難しい」という意味も持ち、「一生懸命やらないと固いものは砕けない」から「一生懸命に・熱心に」という意味も持つようになりました。

◀)) study：〜を勉強する・研究する

「掘り下げて理解しようとする」というイメージを持つ言葉で、そのため「勉強する」だけでなく「研究する」という意味も持ちます。

I **study** **English.**　「私は英語を勉強する。」
私　勉強する　英語

study は「科目」（ここでは英語）に「掘り下げて理解しようとする」力をぶつける、という意味で、第 15 項で説明した hit や close と同じ型の動詞（他動詞）です。

◀)) learn：〜を習得する・できるようになる

learn と study はどちらも「学習する」といった意味でとらえがちですが、2 つの言葉の一番大きな違いは、learn が「**（学んだ結果）できるようになる**」という意味を持つところです。

ですから learn は「学ぶ」というよりは「身につける」「習得する」という意味で覚えておいた方がいいでしょう。study は「〜を勉強する」という意味ですが、勉強したからと言って身についたのかどうかは、study だけでは表せません。

He learns French.　「彼はフランス語を身につける。」
彼　身につける　フランス語

身についたー

🔊 finish ：〜を終わらせる

目的語に対して「終わらせる」という力をぶつける他動詞です。

homework：「宿題」

Keiko **finishes** **her homework.**
　　　　　終わらせる　　　自分の宿題

「Keiko は自分の宿題を終わらせる。」

🔊 enjoy ：〜を楽しむ

目的語に対して「楽しむ」という力をぶつける他動詞です。

We **enjoy** **the party.**
私たち　　楽しむ　　そのパーティ

「私たちは（今言ったその）パーティを楽しむ。」

日本語文に合わせて英単語を並べ替え、正しい英文を作りましょう。ただし、主語が３人称単数の場合には、選択肢の動詞を正しい形に変えてください（語尾にsをつけたり、haveならhasにする、など）。

① 「John は自分の子どもを学校に連れて行く。」
(child:「子ども」 school:「学校」)

John (his child, take, school, to).

② 「私は（とある１つの）犬小屋を作る。」 (doghouse:「犬小屋」)

(doghouse, make, a, I).

③ 「彼は車を１台持っている。」

(a, have, he, car).

④ 「Jane は日本にやって来る。」

(come, Jane, Japan, to).

⑤ 「私は（いつも行くその）公園に行く。」

(to, the, I, park, go).

⑥ 「私は夏が好きだ。」 (summer:「夏」)

(like, I, summer).

⑦ 「私たちは（さっき言っていたその）お金を手に入れる。」

(get, we, money, the).

⑧ 「私は頑張る。」
(hard, I, work).

⑨ 「彼は数学を一生懸命勉強する。」 (math：「数学」)
(study, math, he) hard.

⑩ 「Tomoko はスペイン語を身につける。」 (Spanish：「スペイン語」)
(Spanish, Tomoko, learn).

⑪ 「George は昼食を終わらせる。」 (lunch：「昼食」)
(finish, lunch, George).

⑫ 「私たちは（見に行ったその）試合を楽しむ。」 (game：「ゲーム・試合」)
(the, we, game, enjoy).

「見る」のいろいろ

see と look at と watch

同じ「見る」でも英語の see、look at、watch は、それぞれ違ったイメージの「見る」動作を表します。何でこんなことが起きるのでしょう。
実は言語によって「動作の切り分け方」が違うのです。

例えばもし日本語で「上着を穿く（はく）」と言うと、上着をズボンのように足に通すような映像が浮かんでしまいますね。逆に「ズボンを着る」と言うと、場合によっては「上着のようにズボンを腕に通すような映像」が浮かんでしまいます。そういう意味で「靴を着る」や、「帽子を履く」というのも変です。

でも英語ではこれら全部が put on（直訳すると「（身体）の表面上に置く・くっつける」）で表されます。

日本語を話す私たちは、「英語っていい加減だなぁ」と感じるかもしれません。でもこの逆もあるんです。

日本語では「見る」のひとことで表せる動作も、英語では see を使ったり、look at を使ったり、watch を使ったりと、使い分けが起きます。どんな違いなのか、見てみましょう。

◀)) **see：視界に飛び込んで来たものに、気づく**

see は何かを見ようとして見るのではなく、「**視界に飛び込んで来たものに、気づく**」という動作を表します。「あ、ネコだ」とか、「おや、佐藤さんだ」とか、「あ、鳥が飛んでいる」とか、ですね。

I see a dog in his garden.
（see：視界に入る）

「彼の庭に、犬が1匹いるのを目にする。」
自分の視界の中に、犬がいることに気づいている

「視界に入る」「見える」ということは「わかる」ということでもあります。

Oh, I see.　「ああ、なるほど。」
（see：わかる）

また「人が視界に入る」＝「人と会う」という意味でも使われます。

I see Ken at the station.　「私は Ken と駅で会う。」
（see：会う）
「Kenが視界に入っている」＝「Kenと会う」

look at：目標に目の照準を合わせる

look は「目線を動かす」、at は「移動していく点を指す」（第 14 項参照）ということですから、look at Aは「Aに目の照準を合わせる」ということです。

George looks at me.
（looks at：目を向ける）

「George は私に目を向ける。」

look atはこれで1つの動詞のかたまりとして覚えましょう

ですから例えば日本語で「私は机の上を見たが、そこには何も見当たらなかった。」と言えば、「机の上を見た」は「目を向けた」look at の感覚ですし、「何も見当たらなかった」というのは「何も視界に入らなかった」ので、see の感覚です。

watch は「動いているものの成り行きを見守る」ということです。

I   <u>watch</u> **TV.**   「私はテレビを見る。」
→
見守る

　これはテレビで流れている映像がどうなっていくのか、その成り行きを見守っているわけです。

　これが I <u>look at</u> the TV. なら、目線を動かして、テレビの方に目を向けることを意味します（the TV はテレビの映像ではなく、「そこにある、そのテレビという機械」を意味しています）。

　I <u>see</u> a TV. なら、自分の視界の中にテレビがある、つまり「テレビという機械が見える」「テレビという機械を目にする」ということを意味します（a TV は「とある1台のテレビの機械」です）。

　なお、動いているものの成り行きを見守るので、写真（picture）のような<u>静止画を watch することはできません</u>（✕ I watch a picture.）。また、「成り行きを見守る」という意味から、watch には「監視する」「気をつける」という意味も出ます。

日本語文を参考に、(　　　　)の中にsee、look at、watchのいずれかを入れましょう。また主語が3人称単数かどうかに注意して、動詞の語尾を正しい形にしましょう。

① 「私は頭（をぶつけないよう）に注意する。」（head：「頭」）
　　I (　　　　) my head.

② 「彼の家が目に入る。」
　　I (　　　　) his house.

③ 「Kate は John の方に目を向ける。」
　　Kate (　　　　) John.

④ 「Eddy は学校で Yoshio に会う。」
　　Eddy (　　　　) Yoshio at school.

⑤ 「私たちはその試合を見物する。」
　　We (　　　　) the game.

2種類の「聞く」

hear と listen to

日本語では「聞く」という1つの単語で表される動作を、英語では hear と listen to で使い分けています。これは前項で解説した see と look at の違いがわかれば、簡単に理解することができます。

🔊 hear：耳に入って来た音に気づく

「あれ、鳥が鳴いている」とか、「このドア、キィキィ音がするね」とか、聞こうと思って聞くのではなく、「耳に入って来る音に気づく」という行為を英語では hear という動詞で表します。

I **hear** **a voice.** 「話し声が聞こえる。」
耳で気づく

I **hear** **you.** 「(あなたの声は) 聞こえているよ。」
耳で気づく

「耳に入って来る音に気づく」ので「聞こえる」と訳されることがよくあります。

◀» listen to：(音・話を) 聞こうとして耳を傾ける

人間の耳には周りのありとあらゆる音が入って来るのですが、脳がうまく機能して<u>聞きたい音だけに焦点を合わせる</u>ことができます。これを表しているのが英語の listen to です。

to は「→」を意味する言葉で、耳がどの音へ焦点を合わせているのかを表します。

I **listen to** **you.**　　「私はあなたの話を<u>ちゃんと聞きます</u>。」
　　　　耳を向ける

👉「聞こえている」のI hear you.と違い、「注意をそらさず、あなたの方に耳を向ける」ことを表します。

I **listen to** **the radio.**　「私はラジオを聞く。」
　　　　耳を向ける

👉 ラジオを聞こうとして、耳を傾けることを意味します。

I **hear** **the news** **on the radio.**
　　耳で気づく

「私はラジオでその<u>ニュースを耳にする</u>。」

👉 ラジオから流れるニュースが耳に飛び込んで来る、ラジオから流れるニュースに気づくことを意味します。

on TV と on the radio

on the radio は「ラジオ放送上で」を意味します。「テレビで」というのも on TV という
ふうに on を使います。「テレビの放送上で（流れる情報）」ということです。

注意したいのは on TV のときには the は使いませんが、on <u>the</u> radio には the が使われ
ることが一般的ということです。

このような違いが生まれる理由には諸説ありますが、私（時吉）にははっきりとはわ
かりません。とりあえず覚えておきましょう。

日本語文を参考に、（　　　　）の中にhearかlisten toのいずれかを入れましょう。
また主語が３人称単数かどうかに注意して、動詞の語尾を正しい形にしましょう。

① 「私は彼の声を耳にする。」

I (　　　) his voice.

② 「彼女は私のアドバイスに耳を傾ける。」

She (　　　) my advice.　　（advice：「アドバイス」）

③ 「Keiko はそのニュースを耳にする。」

Keiko (　　　) the news.

④ 「私は（流れているその）音楽に耳を傾ける。」

I (　　　) the music.

⑤ 「George は Tom の話を注意深く聞く。」　　（carefully：「注意深く」）

George (　　　) Tom's story carefully.

「話す」のいろいろ

say、speak、talk

「話す」を表す英語の動詞にもいろいろあります。ここでは say、speak、talk の3つについて解説します。さらに tell というのもあるのですが、特殊な文の型を使うので、この項では少し触れるだけにとどめて、第31項で改めて解説します。

◀») say：口から言葉を出す

He <u>**says**</u> **OK.** 「彼は大丈夫だと言う。」
 口から出す
  目的語：口から出る言葉

「彼」が「OK」という言葉を、「口から出す」という意味を表すのが say です。ですから **say の後ろには「口から出される言葉」が目的語**としてやって来ます。

そこで、say の目的語には「セリフ」が来ることがよくあります。そのときには say の後ろに「,」（カンマ）が打たれ、日本語のカギカッコにあたる「" "」でセリフがくくられます。

I **say,** **"I'm hungry."**
 口から出す
  目的語：口から出るセリフ

「私は、『お腹がすいた』と言う。」

126

◀ᴵ⁾ speak：口をきく、という行為をする

speak には say のような目的語はつきません。say とは違い、
speak は「何を言うのか」は問題ではありません。**「口をきく
という行為をするのかどうか」** が speak の「言いたいこと」です。

This bird speaks!　「この鳥、しゃべるぞ！」
口をきく
目的語はない

英語の考え方としては、speak は「自分の意思が自分という身体に『話す』とい
う行為をさせている」という意味で自動詞です。

「誰に話すのか」を表すなら「→」を意味する to を使います。

Jeff speaks to me.　「Jeff は私に話しかける。」
口をきく　　　私
　　　　　誰に？

「何について話すのか」を表すなら「〜について」を意味する about という前置
詞を使います。「about ＋話題」で「（話題）について」です。

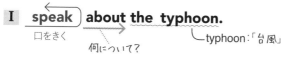

I speak about the typhoon.
口をきく　　　　　　　　typhoon：「台風」
　　　　何について？

「私はその台風について話す。」

言語名は speak の後ろに直接つけることができます。

He speaks **Spanish.**

話せる

「彼はスペイン語が話せる。」

「speak ＋**言語名**」で、「（言語）を話す能力がある」という意味になります。

talk：話し合い・言葉のやり取りをする

talk も「話をする・口をきく」という意味で使いますが、speak と talk ではイメージが異なります。

例えば人が 2 人で話をしているとき、「話している人」に意味の焦点を合わせるのが speak、「**2 人が言葉のやり取りをしている」ことに意味の焦点を合わせるのが talk** です。

We　talk. 「私たちは話し合いをする・会話をする。」
　　話し合う

「会話をするために、誰かに話しかける」 なら 「to ＋人」 をつけ足します。

We　talk　to　Jim. 「私たちは Jim に話しかける。」
　　会話する
　　　　誰に対して？

「誰かと一緒に話をする」 なら 「with+ 人」 をつけ足します。**with は「～と一緒に」**
という意味です。

We　talk　with Jim. 「私たちは Jimと話し（合い）をする。」
　　会話する
　　　　誰と一緒に？

「何について話すのか」 を表すなら **「～について」 を意味する about** という前置
詞を使います。

I　talk　about my family. 「私は自分の家族について話す。」
　　会話する
　　　　何について？

　主語は I という単数ですが、一方的に話すのではなく、聞き手と話のやり取りをす
るという意思を表しています。

🔊 tell：言葉を使って人に情報を渡す

　ここでは軽く触れるだけにとどめますが、もうひとつの「話す」を意味する重要な動詞に tell があります。

　「tell + 人 + 伝える情報」という文の型をとり、「人に~という情報を渡す」という意味を出します（第31項参照）。

My mother　tells　me the story.

　　　　　　　→
　　　　　伝える　伝える相手　伝える情報

「お母さんは私にお話をしてくれる。」

the story
tell

　紹介した4つの動詞の中で、「動詞 + 人」の形で「人に言う」の形をとれるのはこの tell だけです。tell me なら「私に言う」になります。

　けれども例えば say me だと「me と言う」という意味になってしまうので注意しましょう。say の後ろには「話す内容・セリフ」がやって来ます。「私に言う」と言うなら、speak to me や talk to me と同じく、say to me となります。

日本語文に合うように、(　　　) の中に say、speak、talk のいずれかを入れましょう。主語が3人称単数の場合は動詞の語尾を正しい形にしましょう。

① 「Susan は中国語を話せる。」
　 Susan (　　　) Chinese.

② 「私は彼と話し合う。」 (言葉のやり取りをすることに重点)
　 I (　　　) with him.

③ 「彼は『僕は疲れた』と言う。」
　 He (　　　), "I'm tired."

④ 「Kate が私に話しかける。」
　 (Kateと私のやり取りというよりは、話しているKateに焦点が当たっている)
　 Kate (　　　) to me.

動詞を使った「～しない」の文（否定文）

don't と doesn't の使い方

今回は一般動詞を使った否定文、つまり「～しない」を意味する文の型を紹介します。be
動詞のときには is や are などに直接 not をつけていました。短縮形なら isn't や aren't
でしたね。一般動詞では not をつけるやり方が少し違います。さて、どうなるでしょう。

一般動詞では、**動詞の前に do not（短縮形なら don't）をつけて**、「～しない」
ということを表します。

POINT　一般動詞の否定文

I <u>watch</u> TV.

「私はテレビを見る。」

I don't <u>watch</u> TV.

「私はテレビを見ない。」

don't

主語が3人称単数のときは does not（短縮形なら doesn't）をつけます。 そして、
このとき動詞についていた語尾の s は消えて何もつかない**「すっぴん」の動詞**の形（動
詞の「原形」と呼びます）になります。

◀))

He plays tennis.　　　　「彼はテニスをするんだ。」

He doesn't play tennis.　　「彼はテニスをしないよ。」

doesn'tがつくことで、playsがplayという形に戻ります。

do とか does って何？

一般動詞というのは eat（食べる）とか、sleep（寝る）とか、walk（歩く）とか、要するに**何かを「する」**ということを表す動詞たちです。そしてその「する」を意味するのが do です。

◀)) **I do it.**　　　　「私はそれをするよ。」

主語が3人称単数のとき、語尾が o で終わる go が goes になるように、do も does になります（発音は「ドゥーズ」ではなく、「ダズ」です）。

◀)) **He does it.**　　　　「彼はそれをする。」

一般動詞の「代表」に否定文の仕事をさせる

この do や does は一般動詞の「代表」です。

キャベツやレタスや白菜などを「野菜」という言い方でまとめたり、人間や鳥や牛などを「動物」という言い方でまとめることができますね。

これと同じように、eat（食べる）や sleep（寝る）や walk（歩く）をまとめると、「する」を意味する do（主語が3人称単数なら does）になります。

　一般動詞の否定文では、一般動詞の「代表」である do や does に not をつけて、「〜しない」という意味を表します。

　すでに述べた、I don't watch TV. なら「私はテレビを見る（I watch TV）ということをしない（don't）」という感じです。

doesn't のときに動詞が原形に戻るのはなぜ？

He plays tennis. が He doesn't play tennis. になるように、doesn't* が入ると「3人称単数現在の s」がついていた plays は、すっぴんの形の play に戻ります。

これは plays の代わりに does に「3人称単数現在の s」が付いてくれているからです。

do に s が付いて does になることで「この動作は主語が3人称単数で、現在形の意味を持っているよ」ということを表してくれているのです。

---

* 否定文でなくても、例えば何かをすることを強調して「実際に〜する」と言うときには do や does を一般動詞の前に置いて、I do watch TV.（実際私はテレビを見る）、He does play tennis.（実際彼はテニスをする）という言い方をします。ここでも He plays tennis. の plays の s の仕事を does がやってくれているので動詞は play という動詞原形に戻っています。「する」を意味する do や does を動詞の前にわざわざつけることで「その行動をする」ということが強調される表現です。

問題の英文を否定文にするために、適切な「否定＋動詞」の形を（　　　）の中に入れましょう。

① I go to the station. → 「私は駅に行かない。」に
　 I (　　　) to the station.

② He comes to my house. → 「彼は私の家に来ない。」に
　 He (　　　) to my house.

③ Anna has a car. → 「Anna は車を持っていない。」に
　 Anna (　　　) a car.

④ I like this book. → 「私はこの本を気に入ってない。」に
　 I (　　　) this book.

⑤ Jim works hard. → 「Jim は一生懸命働かない。」に
　 Jim (　　　) hard.

動詞を使った「〜する?」の文(疑問文)

do や does を先に話す

本項では一般動詞を使った「〜する?」の文(疑問文)の作り方を解説します。be 動詞の文では is や am、are といった be 動詞を文の先頭に出して「〜なの?」の文を作りました。一般動詞の文ではどうでしょう。

一般動詞の「〜しない」の文(否定文)で「仕事」をするのは do や does でしたね。一般動詞の疑問文で文の先頭に出て来るのも、**「動詞」そのものではなく、do や does** です。

POINT 一般動詞の疑問文

I <u>know</u> Bob.

「私は Bob と知り合いだよ。」(know:「知っている・知り合いである」)

Do you <u>know</u> Bob?

疑問文なので文末を「上げて」読みましょう

「あなたは Bob と知り合いなの?」

主語が3人称単数のときは、does を使います。

Bob <u>knows</u> Jane. 「Bob は Jane と知り合いだ。」

Does Bob <u>know</u> Jane? 「Bob は Jane と知り合いなの?」

　疑問文になると、knows が know（動詞のすっぴんの形）になっていることがわかりますね？ 前項の否定文と同じように、does が「3人称単数現在」を表してくれているので know に s をつける必要がなくなるのです。

◀))) **返事のしかた**

　返事のポイントは「**繰り返しを避けるために、do や does を使う**」ことです。

　例えば、"Do you know Bob?"（あなたは Bob と知り合いなの?）という質問に対して、「はい、知り合いです。」ということなら、yes を使って答えます。

　そのまま、<u>Yes, I know Bob.</u> と答えても間違いではありませんし、<u>Yes.</u> だけでも大丈夫です。教科書では <u>Yes, I do.</u> という返事のパターンが紹介されることが普通です。もちろんどれも、自然な英語です。

know が do に置きかえられるのはなぜ？

英語は繰り返しを嫌うので、こんな風になります。

　　"Do you <u>know Bob</u>?"　　　　　　　「あなたは Bob と知り合いですか？」

　　"Yes, I <u>know Bob</u>." → "Yes, I <u>do</u>." 「はいそうです。」

know が do に取って代わられるのは例えば、Bob を he、Kate を she で表すのと同じことです。he が表すのは「今言った、1人の男性」であり、she は「今言った、1人の女性」。Bob も John も Mike も要するに1人の男性ですから he で表せますし、Kate も Mary も Ann も要するに1人の女性ですから she で表すことができます。こういう he や she のような「代理をする名詞」を「代名詞」と呼びます。これの「動詞版」が do や does で「代動詞」と言います。ここでは "know Bob" が "do" で「代理」されているのです。

know も go も walk も sleep も、要するに「（何かを）する」ということですから、**「する」を意味する do や does で代理させる**ことができるわけですね。

主語が3人称単数なら does を使います。

steak：「ステーキ」

— "**Does he like steak?**"
　　「彼はステーキが好きですか？」

— "**Yes, he likes steak.**" ⟶ "**Yes, he does.**"　「はい、好きです。」
　　doesで代理

「いいえ」で答える場合はこうなります。

live in A：「A に住む」

— "**Do you live in Osaka?**"
　　「あなたは大阪に住んでいるの？」

— "**No, I don't live in Osaka.**" ⟶ "**No, I don't.**"
　　省略

「いや、住んでないよ。」

practice：「〜を練習する」

— "**Does she practice yoga?**"
　　「彼女はヨガを練習してるの？」

— "**No, she doesn't practice yoga.**" ⟶ "**No, she doesn't.**"
　　省略

「いや、練習してないよ。」

138

1 日本語文に合うように（　　　　）の中にdo, does, don't, doesn'tのいずれかを入れましょう。文の先頭に入る単語は大文字で始めましょう。

① 「彼は仕事熱心ですか？」「いや、そうでもないね。」
　　 "(　　　) he work hard?" "No, he (　　　)."

② 「あなたはお寿司が好き？」「はい、好きです。」
　　 "(　　　) you like sushi?" "Yes, I (　　　)."

2 日本語文に合うように（　　　　）内の単語を並べ替え、自然な英文を作りましょう。文の先頭は大文字で始めましょう。

① 「Jane は車を持っていますか？」
　　 (a, Jane, car, does, have)?

② 「あなたはサッカーが好きですか？」
　　 (soccer：「サッカー」。ちなみにイギリス英語では football と言います)
　　 (like, you, soccer, do)?

③ 「あなたは読書をしますか？」　(read：「～を読む」)
　　 (read, do, books, you)?

Chapter4 振り返り

「～する」動詞を使ってみよう

自分から出た力が
自分を動かす動詞

自分から出た力を
自分以外のものに
ぶつける動詞

私、あなた、人称って何？

私は I 1人目
君は YOU 2人目
she 3人目
彼女って
さん
2人目 1人目

基本の動詞を使いこなそう

to ○
have
go
like
take

「見る」のいろいろ

視界に飛び
込んで来た
ものに気づく
see
→ 目標に目
の照準を
合わせる
look at
watch
動いている
ものの成り行き
を見守る

2種類の「聞く」

あいてる
け？
hear
耳に入って来た
音に気づく

listen to

聞こうとして
耳を傾ける

「話す」のいろいろ

speak
口をきく、という
行為をする

say
OK
talk 話し合い
言葉のやり取りを
する
口から
言葉を
出す

動詞を使った「～しない」の文

I don't watch TV.

don't

動詞を使った「～する？」の文

Do you know Bob?

do は動詞の代表

do
does
eat する walk
sleep する
する

chapter5

脇役だけど重要な知識

代名詞のまとめ

いちいち言わない。でも大事

今回は文法の専門用語を少し覚えてもらいます。覚えておいた方が、参考書や先生の説明を読んだり聞いたりするときにわかりやすいので便利ですよ。

今回覚えてもらうのは「代名詞」という言葉と、その代名詞の形である「主格」、「目的格」、「所有格」、そして「独立所有格」です。このうち初登場なのは「目的格」だけで、それ以外はすでに本書のなかで説明している言葉の復習ですから安心してください。

代名詞って何?

「これ」「あれ」「それ」「私」「あなた」「彼」「彼女」などといった言葉を「代名詞（だいめいし）」と呼びます。人や物を指すときに使う言葉です。

手元にあるペンやカバンを指して「これは」と言ったり、自分から離れたところにある建物を指して「あれは」と言ったり、自分のことを指して「私は」と言ったり「今さっき言った女の人」のことを指して「彼女は」と言ったりします。

「格」って何?

代名詞は、文の中のどの役割で使うかによって形を変えます。これを「格」と呼びます。

◀» **主格の代名詞**

　主語として使うときの代名詞の形は「主格」と呼ばれます。「あなたは」と「あなた方は」はどちらも同じ you という形です。

　　I am a teacher.　　　　　　　　「私は先生です。」

　　We are students.　　　　　　　「私たちは学生です。」

　　Are you Mr. Smith?　　　　　　「あなたは Smith さんですか?」

　　Are you high school students?　　　　「あなたたちは高校生ですか?」

　　He swims, and she runs.　　　「彼は泳ぎ、彼女は走ります。」

　　They are smart.　　　　　　　「彼ら（彼女たち）は頭がいいです。」

　　This is cheap, but that is expensive.　　「これは安いですが、あちらは高いです。」

　　It is a good idea.　　　　　　「(今言った)それはいい考えです。」

　　They are convenient.　　(convenient:「便利な」)
　　　　「(今言った)それらは便利です。」

◀» **所有格の代名詞**

　「私のペン」「彼の車」など、「**○○の＋名詞**」の形で使う代名詞の形は「所有格」と呼ばれます。「あなたの」と「あなた方の」はどちらも同じ your という形です。

　　This is my dog.　　　　　　　「これは私の犬です。」

　　Mr. Simpson is our teacher.　　「Mr. Simpson* は私たちの先生です。」

---

* 英語では「○○先生」と言うとき、男性には Mr.、女性には Ms. をつけて呼びます。「○○ teacher」とは呼びません。

Is this your tablet? 「これはあなたのタブレットですか?」

Is that your school? 「あれはあなた（方）の学校ですか?」

That is his house, and this is her house.
「あれが彼の家で、これは彼女の家です。」

Those are their cars. 「あれらは彼らの（彼女たちの）車です。」

This is a spider. Its legs are long.
「これは（とある1匹の）クモです。その脚は長いです。」（spider：「クモ」leg：「脚」）

These are ants, and this is their nest.
「これらはアリです。そしてこれはそれらの（＝アリたちの）巣です。」（nest：「巣」）

◀))) **独立所有格の代名詞**

　後ろに名詞を伴わず、**単独で「○○の（もの）」**いう形で使う代名詞は「独立所有格」と呼ばれます。「あなたのもの」と「あなた方のもの」はどちらも yours という形です。「彼のもの」という独立所有格は、「彼の○○」という所有格と同じく、his という形です。

"Is that dog yours?" "Yes. It's mine."
「あの犬はあなたのですか?」「はい、私のです。」

This house is ours, and that house is theirs.
「この家は私たちので、あの家が彼らのです。」

This money is yours. 「このお金はあなた（方）のものだ。」

This book is <u>his</u>, and that book is <u>hers</u>.
　「この本は<u>彼の</u>ので、あの本は<u>彼女の</u>です。」

◀)) **目的格の代名詞**

　動詞の目的語や、前置詞の後ろに使われる代名詞の形は、「目的格」と呼ばれます。「〜を」「〜に」の意味で使われます。「あなたを・に」「あなた方を・に」の目的格は主格と同じく you という形です。「それを・に」の目的格は主格と同じく it という形です。

Tom looks at <u>me</u>.　　「Tom は私に目を向ける。」

He likes <u>us</u>.　　　「彼は私たちのことが気に入っています。」

I like <u>you</u>.　　　　「私はあなたのことが気に入っています。」

Do they know <u>you</u>?　「彼らはあなたたちと知り合いですか?」

I know <u>him</u> but I don't know <u>her</u>.
　「私は<u>彼</u>とは知り合いですが、<u>彼女</u>のことは知りません。」

The doctor talks to <u>them</u>.　（doctor :「医者」）
　「その医者は<u>彼ら（彼女たち）</u>に話しかける。」

Do you like <u>it</u>?　　「あなたはそれを気に入っていますか?」

I don't like <u>them</u>.　「私はそれらが好きではない。」

第14項では場所を表す前置詞として in と at と on を紹介しました。これら3つの前置詞は時間を表すためにも使われます。「え？」と思うかもしれませんが、心配ご無用。根っこの意味は変わりません。

時間というのは、目で見ることも、手で触ることもできません。人間は、そんなよくわからない「時間」というものを「場所」にたとえることで理解してきました。ですから場所を表す英語の at、in、on はそのまま同じ感覚で時間を表すのにも使われます。

◀)) at：動き続ける時の一点を指す

時間の表現の中で1番よく使われる at から説明していきます。

「移動中の点を指す」という根っこの意味を、そのまま時間に応用します。

I go to school <u>at</u> eight.

「私は（いつも）8時に学校に行きます。」

時刻は at で表します。

時刻というのは常に動き続けるものです。時刻がどの時点に来たときにどんな行動をするのか、を「at ＋ 時刻 」が表します。ここでは動き続ける時刻が「8時という時点に来たとき（at eight）」に「私が学校へ行く」という出来事が起きています。「at ＋ 時刻 」は、**時の目盛り上を動く時刻が、どの時点に来ているのか**、を表します。

on：曜日・日づけを出来事の「舞台」としてとらえる

Sunday（日曜日）のような曜日は、on とくっつくことで「〇〇曜日に」という意味になります。

また、<u>on</u> the third of July（7月3日に）のように、日づけも on で表されます。

◀)) 曜日

Sunday	日曜日
Monday	月曜日
Tuesday	火曜日
Wednesday	水曜日
Thursday	木曜日
Friday	金曜日
Saturday	土曜日

英語では**曜日や日づけを「出来事の起きる舞台（となる日）」と考えています**。

例えば日づけでなくても、<u>on</u> a hot day（とある暑い日<u>に</u>）という言い方をします。<u>on</u> stage（ステージ<u>上で</u>）という言葉と同じ感覚で、曜日や日づけは on で表されます。

He comes to my house <u>on Tuesday.</u>

◀)) 日づけ

the first　1日	the eleventh　11日
the second　2日	the twelfth　12日
the third　3日	the thirteenth　13日
the fourth　4日	the twentieth　20日
the fifth　5日	the twenty-first　21日
the sixth　6日	the twenty-second
the seventh　7日	22日
the eighth　8日	the twenty-third　23日
the ninth　9日	the thirtieth　30日
the tenth　10日	the thirty-first　31日

「彼は（いつも）火曜日に私の家に来る。」

この文では「火曜日<u>という舞台上で</u>（<u>on</u> Tuesday）」、彼が私の家に来る、という出来事が起きています。

147

◀)) in : ある程度の長さを持つ「時間の枠」を in で表す

in は「枠の中」という根っこの意味を持ちます。

in は季節や、月（January《1月》 〜 December《12 月》）、年や世紀などに使われます。いずれも**ある程度の長さを持った「時間の枠」**です。

◀)) 季節

spring	春
summer	夏
fall / autumn	秋
winter	冬

in summer

We go to the beach in summer.

「私たちは（いつも）夏には海へ行く。」

☞ 「夏」という**ある程度の長さを持った**時間の「枠内」において、「海へ行く」という出来事が起きています。

☞ beach（海・浜辺）には習慣的に（＝特別な理由もなく）the がつきます。

Adam came to Japan in 2018.

「Adam は 2018 年に日本に来た。」

☞ 1年も、365日という長さを持った時間の「枠」です。

☞ came は come の過去形（第27項コラム参照）で、「来た」を意味します。

◀)) 月

January	1月
February	2月
March	3月
April	4月
May	5月
June	6月
July	7月
August	8月
September	9月
October	10月
November	11月
December	12月

今回は「いつ〜するのか」という表現に使われる、at、on、in を使った時間表現を説明しました。これら時間を表す表現は文の最後に来るのが普通です（第 25 項コラム参照）。

時間の種類に注意を払って（　　　　　　　）に at か on か in のいずれかを入れて、
自然な英文を作りましょう。

① 「私の妹（もしくは姉）は 11 時に寝ます。」
   My sister goes to bed (　　　) eleven.

② 「学校は月曜日に始まります。」
   School starts (　　　) Monday.

③ 「学校は 4 月に始まります。」
   School starts (　　　) April.

④ 「学校は 9 時に始まります。」
   School starts (　　　) nine.

⑤ 「その鳥たちは春に日本に来ます。」
   The birds come to Japan (　　　) spring.

words and phrases

sister	「女のきょうだい」。英語では「きょうだい」に関して年上なのか年下なのかの区別がありません。女の子なら姉でも妹でも sister、男の子なら兄でも弟でも brother です。
go to bed	「床につく」。直訳すると「ベッドに行く」。ベッドに入ることを意味します。「眠りに落ちる・寝入る」は fall asleep、go to sleep などの言い方があります。
start	「開始する」

25

「今8時です」にatは使わない

時間を表すならどんなときでも at、on、in を使うのか、と言えばそうではありません。この項ではどういうときに at、on、in を使わず、また、どういうときに使うのかを説明します。

「It is ＋時間」の表現では前置詞不要

「今8時だ」とか「今日は火曜日だ」というときには at、on、in といった前置詞は使いません。

ここで「**状況の it**」という言葉を知っておきましょう。

it はこれまでの項では「さっき言ったそれ」という意味で使われてきました。it はこれ以外にも、「状況」という意味で使われることがよくあります。なぜそうなるのかを説明します。

it という言葉の根っこの意味は「**（さっき言ったから）言わなくてもわかるそれ**」です。「言わなくてもわかる情報」ですから、日本語では訳されないことがよくあります。

第5項で紹介した例文をもう一度見てみましょう。

◀)) **Is that your bag? It is cool!**

「それ、あなたのカバン？　~~それは~~かっこいいね！」

例えば日本語で挨拶がわりに「寒いね!」とか「暑いね!」と言うとき、何が寒いのかとか暑いのかは、わざわざ言葉にしませんよね。「いちいち言わなくてもわかるでしょ」という気持ちがあるからです。

ここでは**今自分たちがいる「状況」* が寒かったり、暑かったりする**わけです。

いちいち
言わなくても
寒い…!

で、そのいちいち言わなくてもわかる、自分たちがいる「状況」を、英語では it で表すわけです。

◀))
── **It is hot.**　　「状況は 暑いね。」
── **It is cold.**　　「状況は 寒いな。」

時間を表す表現でも、この「状況の it」は使われます。「今自分たちがいる状況は、〜時・〜曜日だ」ということです。

◀))
── **It is eight now.**　　「状況は 今8時だ。」
── **It is Wednesday today.**　　「状況は 今日は水曜日だ。」

It is eight now.

遅刻
だよ!

ああ
8時だね〜

────────────

　*「え?『状況』? そうじゃなくて『天気』でしょ?」と思う方もいるかもしれませんが、天気だけでなく、たまたま自分たちがいる部屋の中の気温とか、自分たちがどれだけ分厚い布団をかぶっているか、とかの場合もあり得ますので、全部ひっくるめて「状況」を表しています。

こういうときには時刻を表す at や、曜日を表す on は使いません。

✗ It is ~~at~~ eight now.

✗ It is ~~on~~ Wednesday today.

at や on や in を使うのは、「時間がある時点に来るときに、～という出来事が起きる」、あるいは「～曜日という舞台上で、～という出来事が起きる」、「～月という時間の枠内で、～という出来事が起きる」という場合です。

◀)) **I get up at seven.**

「私は7時に起きる。」（get up：「起床する」）

☞ 時間が7時という時点に来るときに、「私が起きる」という出来事が起きる。

◀)) **We don't have school on Saturday.**

「私たちは土曜日には学校はない。」

☞ 土曜日という舞台上で、「私たちは学校（＝授業）がない」という出来事が起きる。

今回学習した「状況の it」は、英語の中でものすごく重要な役割を持つ言葉で、これからどんどん出て来ますよ。

(　　　　) の中に必要な場合はat、on、inを入れ、不必要な場合は「×」を入れましょう。

① 「私たちは 10 時に消灯します。」(turn off the lights：「あかりを消す」)

We turn off the lights (　　　) ten.

② 「今 10 時です。」

It is (　　　) ten now.

③ 「今日は月曜日です。」

It is (　　　) Monday today.

④ 「月曜日に私たちはそのテレビ番組を見ます。」(show：「テレビ番組」)

We watch the show (　　　) Monday.

⑤ 「私たちは冬にスキーに行きます。」(go skiing：「スキーに行く」)

We go skiing (　　　) winter.

「時間」や「場所」は文の後ろの方に

これまで at や in、on を使った表現を中心に、「いつその出来事がおきるのか」「どこでその出来事がおきるのか」という情報の表し方を説明してきました。こうした**「時間」や「場所」を表す言い回しは、英語では文の後ろの方に置く**のが基本です。日本語では、例えば「今日学校で運動会がある。」のように文の先頭に時間や場所の情報を置きますが、英語では、

field day：「運動会」

at school：「学校で」

◀)) **We have a field day at school today.**

場所　　　時間

「(私たちは) 今日学校で運動会がある。」

というふうになります。場所と時間が並ぶときには、だいたいの場合、場所が先で時間が後です。

これから英語を学んでいくと気づくのですが、時間や場所だけでなく、理由や目的などの情報も文の後ろの方に来る傾向があります。
英語の語順には 2 つの大きな原則があります。

1. 言いたいことから先に言う
2. 軽い情報が先で、重い情報は後

このうち、「1. 言いたいことから先に言う」は、疑問文の語順（第3項参照）のところで出てきました。例えば「あなたは Mary ですか？」とたずねるときには You <u>are</u> Mary. なのか、それとも You <u>are not</u> Mary. なのかを疑問に思うので「スポットライトを浴びる情報」である are が文頭に出て <u>Are</u> you Mary? になります。

否定文の not も「言いたいこと」のひとつです。

日本語では「私は（今言った）その本が好き<u>ではない</u>。」のように文の最後に来る否定語が、英語では

🔊 **I <u>don't</u> like the book.**

となるのも、「<u>大事な情報</u>」である否定語をなるべく先に言おうとしているのです。

「〜ない（not）」という否定語は、あるのとないのとで意味が 180°変わる、重要な情報ですからね。

「脳にやさしい」英語の語順

さて、2. の「軽い情報が先で、重い情報は後」ですが、キャッチボールを想像してみてください。

相手にボールを投げるとき、いきなり速くて重いボールを投げつけるよりも、最初は軽いボールを投げて、だいたいどんなボールが来るのかを知らせてから、本格的な速さと重さのボールを投げた方が相手は受け取りやすいはずです。

 →

ですから英語の場合「A は B をする」という、軽い「骨組み」の部分が先に話され、「いつそうするのか」「どこでそうするのか」「何のためにそうするのか」「どんなふうにそうするのか」などの重たい「肉づけ」の情報は後にやって来ます。

以下にいくつか例文を並べます。まだ本書で習っていない表現もたくさん含まれますが、今は気にしないでください。ここでは「時や場所、理由や目的などの『肉づけの情報』は文の後ろの方に来るのが普通だ」ということがわかっていただければいいです。

◀))   ┌ saw：see「目にする→会う」の過去形

例 I saw him yesterday.   「私は昨日彼に会った。」
          時   └ yesterday：「昨日」

例 He is in NewYork now.   「彼は今、ニューヨークにいる。」
         場所   時

            ┌ absent：「不在(の状態)」
              ┌ because：「〜なので」
例 He was absent because he was sick.
                理由   └ sick：「病気(の状態)」

    「彼は病気のため、いなかった。」

例 I went to Osaka to see my uncle.
         場所   目的 └ uncle：「叔父さん」

    「私は叔父に会うため、大阪に行った。」

156

at school と in school の違い :

at school も in school も「学校で」ということですが、意味に違いがあります。

<u>at</u> school は「1 日のスケジュールの中でいろいろ移動するのだけど、その中で学校にいるときは」という、「授業・カリキュラムとしての『学校で』」を意味します。

<u>in</u> school は「学校というグループの枠の中で」ということを意味します。

◀)) He is the best student <u>in</u> school.「彼は校内で最も優秀な生徒だ。」

getを使ったいろいろな表現

get up、get on など

get という動詞は be 動詞と並んで英語で最も大事な動詞の1つです。日本語でも「○○をゲットしたぜ！」と言うように、get 自体は「手に入れる」という意味しかありませんが、他の言葉と結びついていろいろな意味のかたまりをつくります。

ゲットだぜ！ get

人 get up：「人が起き上がる・立ち上がる」

寝ている人が起き上がるときにも、座っている人が立ち上がるときにも使います。**get は「手に入れる」**という意味ですが、get + α で「α の状態を手に入れる」という意味になります。**up は「上方向へ」**という意味ですから、get up は「上方向へ動く状態を手に入れる」ということです。

ですから寝ている人にとっては「起き上がる」、座っている人にとっては「立ち上がる」という意味になります。特に get up の「起き上がる」という意味は、単に寝転がっている人が起き上がるだけでなく、「起床する」という意味にもなります。

every day：「毎日」

🔊 **I get up at seven every day.**
「私は毎日7時に起きる。」

up を get だぜ！

get to 場所：「場所に到着する」

to は「→」という意味で、「to +場所」なら「場所に到達」という意味です。
get が付くことで「場所に到達する、という状態を手に入れる」＝「場所に着く」
という意味になります。

◀ ᵕ⁾ We <u>get to</u> the station.

「私たちは（今言ったその）駅に着く。」

get on 乗り物・get in 乗り物：「乗り物に乗る」

「on（上に乗っている）の状態を手に入れる」のが get on で、「in（中に入っている）
の状態を手に入れる」のが get in です。

その乗り物の広さによって、on と in を使い分けます。

バスとか電車など、「床の上に立って歩ける広さの空間」なら on（<u>on</u> a bus, <u>on</u>
a train）、乗用車のように「座っていることが普通であるカプセル状の空間」なら in (<u>in</u>
a car) です。

🔊 **She <u>gets on</u> the train**[*] **at Shinjuku and goes to Ikebukuro.**

> 「彼女は新宿で電車に乗って、池袋に行く。」

get off 乗り物 ：「乗り物 を降りる」

on は「接している・くっついている」を根っこの意味に持ちます（第14項参照）が、反対に**「くっついていたものが、ぽろりと離れる、取れる」ことを意味するのが off** です。

on と off は対義語（反対語）の関係にあります。「乗っていた人が、その乗り物から（ぽろりと）離れる状態を手に入れる」＝「乗り物を降りる」ことを意味するのが get off です。

🔊 **Andy <u>gets off</u> the train at Shinagawa.**
> 「Andy は品川で電車を降りる。」

---

* on the train か？ on a train か？
どちらも間違いではありませんが、「実際に新宿や池袋などの、どこかの路線や駅で電車に乗る」なら、「その場所でのその電車」ということで the をつけるのが普通です。「電車に乗るのは苦手だ」とか、「1人で電車に乗れない」といったような、どんな電車でもいい、「とある1つの電車に乗る行為」だけをイメージする場合は a をつけることが多いようです。

日本語文に合わせて（　　　　）にup、to、on、in、offのいずれかを入れましょう。

① 「彼は、（話に出ているその）博物館に到着する。」（museum：「博物館」）
He gets（　　　）the museum.

② 「Paul は立ち上がる。」
Paul gets（　　　）.

③ 「Ben は渋谷でバスを降りる。」
Ben gets（　　　）the bus at Shibuya.

④ 「私は 7 時に電車に乗る。」
I get（　　　）the train at seven.

⑤ 「Mark は車に乗り込む。」
Mark gets（　　　）the car.

代名詞のまとめ

主格	所有格	目的格	独立所有格
I	my	me	mine
we	our	us	ours
you	your	you	yours
you	your	you	yours
he	his	him	his
she	her	hers	hers
they	their	them	theirs
it	its	it	its
they	their	them	theirs

in と at と on で時間を表す

「今8時です」に at は使わない

It is eight now.
「状況は 今8時だ。」

get を使ったいろいろな表現

chapter6

現在形と過去形の
イメージ、
文型が言いたいこと

現在形は「いつもそうだよ」形

英語の動詞には「現在形」という形と「過去形」という形があります。それぞれが「いつその動作が行われるのか」を表します。

現在形は「いつもそうだよ」形であり、「現実形」

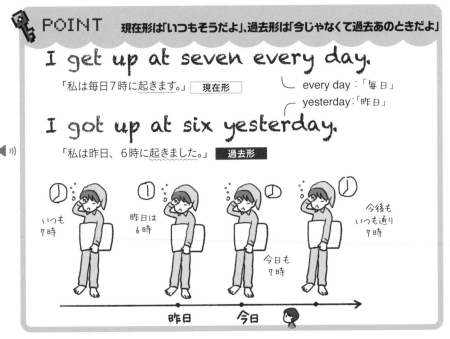

POINT　　　現在形は「いつもそうだよ」、過去形は「今じゃなくて過去あのときだよ」

I get up at seven every day.

「私は毎日7時に起きます。」　現在形

every day：「毎日」
yesterday：「昨日」

I got up at six yesterday.

「私は昨日、6時に起きました。」　過去形

いつも
7時

昨日は
6時

今日も
7時

今後も
いつも通り
7時

昨日　　今日

164

　過去形の考え方は理解しやすいと思います。「**今じゃなくて、過去のあのときにあったこと**」を表します。

　現在形は、少しややこしいところがあります。名前の通り「現在」の話だけをするのかと思えば、そうでないときもよくあるからです。

　確かに現在形は、「**今そういう状態だ**」という、「今の話」をしている場合もあります。下の例文では is が動詞の現在形です。

today：「今日」

◀))
It <u>is</u> Tuesday today.　「今日は火曜日だ。」　　現在形
It <u>is</u> five fifteen now.　「今5時15分だ。」　　現在形

　けれども、「現在形」と言いつつ、実際には「今そうだ」というよりも、「**いつもそうだ**」という話をしている場合がかなりあります。

◀))
I <u>get</u> up at seven every day.
　「私は毎日7時に起きる。」　　現在形

We <u>don't</u> have school on Sunday.
　「（私たちは）日曜日には学校がない。」　現在形

いつも 7時に

現在形は「**現実形**」とでも言える、そういう性質を持っています。

　太陽は東から昇って西に沈み、朝には鳥の鳴き声が聞こえ、通勤・通学時間の電車は混んでいて、私は学生で、○○さんとは友達で、夕方家に帰って、毎週土

165

曜日にはあのテレビ番組を見て、夏は暑くて、冬は寒くて……

こういう「**自分を取り巻くいつもの現実**」を表すのが現在形です。

過去形は「今じゃなくてあのとき」形

英語の過去形は「**過去のあるときに、実際に○○という行動をした**」ことを表します。

◀)) **He ran yesterday.**

「彼は昨日走った。」 過去形

走ったのは今ではなく昨日という過去なので、run（走る）の過去形 ran を使い、日本語訳は「走った」となります。

「だった」はすべてが過去形というわけではない

注意したいのは、日本語の「〜でした」「〜だった」と、英語の過去形は一致しないことがある、というところです。

日本語の「〜でした」「〜だった」はいつでも過去を意味するわけではありません。
例えば日本語で「あ、今日は火曜日だった。」と言うとき、火曜日なのは過去の話ではなく、今の話です。英語なら "Oh, it is Tuesday today." というふうに現在形の is を使います。「田中さんが今日の当番だったね。」とか、「お肌の美しさの秘密は、ビタミンCにありました。」というのも過去の話ではありません。

このように日本語の「〜だった」「〜でした」というのは「現実の確認」という意味でも使われるので、注意しましょう。そういうときは英語では現在形を使います。英語の過去形というのはあくまで「今じゃなくて、過去のあのときの話」を表します。

be 動詞の形を確認

現在形

主語が単数の場合、I には am、you には are ですが、それ以外はすべて is です。

◀)）

— **I am Takashi.** 「私は Takashi だよ。」

Are you Mary? 「あなたは Mary ですか?」

He/She is a student. 「彼/彼女は学生です。」

— **The suitcase is mine.** 「(今言った) そのスーツケースは私のものです。」

主語が複数の場合、すべて are を使います。

◀)）

— **We are here.** 「私たちはここにいます。」

Who are they/you? 「彼ら/あなた方は誰ですか?」

— **Those cats are cute.** 「それらのネコは可愛いですね。」

└ cute:「かわいい」

過去形

主語が単数の場合、you は were を、それ以外はすべて was を使います。

◀)）

— **I was in Tokyo yesterday.** 「私は昨日東京にいました。」

「昨日」は東京にいたけれど、
今のことじゃないよ、
と示しています

167

◀))

angry：「怒っている」

Were you angry?　「あなたは（そのとき）怒っていたのですか？」

She/He was there.　「彼女／彼は（そのとき）そこにいました。」

fun：「楽しい」

The party was fun.　「パーティは楽しかったです。」

主語が複数の場合、全て were を使います。

◀))

We were happy.　「私たちは（そのとき）うれしかったです。」

「そのとき」は嬉しかったけれど、
今のことじゃないよ、
と示しています

昔　　　今

They were hungry.　「彼らは（そのとき）お腹をすかしていました。」

Those people were kind.　「その人たちは（そのとき）親切でした。」

168

日本語文の意味に合うように、(　　　) の中に正しい形のbe動詞を入れましょう。文の先頭は大文字で始めましょう。

① 「(そのとき) 彼は大丈夫でした。」
He (　　　) OK.

② 「(そのときの) 彼らは誰だったの？」
Who (　　　) they?

③ 「私は (そのとき) 眠かった。」(sleepy：「眠い」)
I (　　　) sleepy.

④ 「(そこの) 食べ物は美味しかったです。」
The food (　　　) good.

⑤ 「あなたは (そのとき) そこにいたの？」
(　　　) you there?

一般動詞の過去形の作り方

よく使う動詞ほど不規則変化

よく見かける一般動詞の過去形の作り方を確認しておきましょう。こうした「語の形の変え方」のことを文法では「活用」と呼びます。

ここでは文字の形で紹介していますが、実際には発音に特徴的なパターンを持つものが多いので、①まずは音を聞いて声に出して覚える、②続いて書いてつづりを覚える、というやり方をオススメします。とにかく覚えましょう。

規則的な変化をするもの

基本的には動詞の語尾に -ed をつけます。ただ、単語の形によって -ed のつけ方にバリエーションがあります。

語尾に -ed をつける

一番基本的な形です。語尾が sh、k、ch などノドに指を当ててノド仏がふるえない音では「トゥ」、それ以外のノド仏がふるえる音の語尾では「ドゥ」と発音します。

◀») push – pushed（押す）、listen – listened（耳を傾ける）、look – looked（目を向ける）、watch – watched（動きの成り行きを見守る）、help – helped（手伝う）、open – opened（開ける）など

語尾が e で終わる動詞には -d だけをつける

🔊 die – died（死ぬ）
like – liked（気に入っている）
hope – hoped（希望している）など

「子音字＋y」で終わるものは y を i に変えて -ed をつける

🔊 cry – cried（泣き叫ぶ）
study – studied（勉強する）
carry – carried（運ぶ）など

「母音字＋y」で終わるものはそのまま -ed をつける

🔊 play – played（球技などをする、楽器を演奏する）、
enjoy – enjoyed（楽しむ）など

「短母音＋子音字」は語尾の子音字を重ねて -ed をつける

短母音というのは、例えば「ア」ではなく「アッ」のように短く切る母音の音です。
例えば stop（止める）なら「o」が「オ」ではなく「オッ」であり、その後に p という
子音字が続いています。この場合、stopped というふうに語尾の p を重ねてから -ed を
つけます。

🔊 stop – stopped（止まる、止める）、 fit – fitted（ぴったり合っている）

昔の主流だった動詞の活用の形が現代英語に生き残っている、というパターンです。
音に特徴的な共通のパターンを持つものが多くあります。

-ught 型

◀)) teach – taught（教える）、catch – caught（捕まえる）、buy – bought（買う）、
think – thought（思う）、など

語尾の d が t に代わるもの

◀)) build – built（建てる）、send – sent（送る）、spend – spent（費やす）など

-elt, -ept, eft などの形になるもの

◀)) keep – kept（保つ）、leave – left（その場を去る）、feel – felt（感じる）、sleep –
slept（眠る）など

形も発音も変わらないもの

「○ット」という形の動詞が多く見られます。

◀)) cut – cut（切る）、put – put（置く）、hit – hit（打つ）、
set – set（セットする）

形は同じだが、発音が代わるもの

◀)) read – read（読む）：現在形は「ゥリード」、過去形は「ゥレッド」と発音します。

全く不規則な形のもの

◀)) do – did（する）、go – went（行く）、come – came（来る）、make – made（作る）、
see – saw（目にする）など

よく使われる動詞ほど不規則活用

以上、基本的なものを紹介しましたが、まだ他にもたくさんあります。

「よく使われる動詞」ほど不規則で複雑な活用をします。

前項で紹介した be 動詞がその典型で、主語の形によって現在形が am, is, are、過去形
が was, were という活用の仕方をします。逆にあまり使われない単語は規則的に -ed
がついたりします。

なぜこんなことが起きるのかと言えば、よく使う動詞はしょっちゅう使うので、たと
え形が複雑でも記憶に残りやすいからです。あまり使わない動詞は、記憶に残りにく
いので形は単純になっていきます。

動詞の活用は理屈で考えるよりも、「同じような変化のパターン」の動詞をグループで
まとめて覚えていくのが早道です。特に文字よりも、音声にパターンがありますので、
声に出して覚えることを優先させましょう。

一般動詞の現在形は do や does を使って否定文と疑問文を作りました。
過去形はどうなるでしょうか。

　一般動詞の過去形で否定文や疑問文を作る場合は did を使います。現在形とはちがって、**主語が何でも did で OK** です。he でも she でも it でも関係ありません。そして、did が「過去の話ですよ」ということを表してくれているので、動詞は時間を表す必要がなくなり、すっぴんの形を使います。

POINT **一般動詞の過去形の否定文は did not + 動詞のすっぴんの形**

I <u>went</u> to school yesterday.　「私は昨日、学校に行った。」

⬇

◀)) I did not go to school yesterday.

　　　　　　すっぴんの形

「私は昨日、学校には行かなかった。」　過去形の否定文

※ go の過去形である went が、did not のせいで go というすっぴんの形に戻ります。
※ did not は話し言葉では didn't と短縮して発音するのがふつうです。

POINT　一般動詞の過去形の疑問文は did + 動詞のすっぴんの形〜?

Did you open the door?
　　　　　　すっぴんの形
「あなたは（そのとき）そのドアを開けたの?」

Yes, I did. / No, I didn't.
「ええ、開けました。」
「いや、開けていません。」

疑問詞を使った過去形の疑問文

それでは、what や who を使って一般動詞の疑問文を作ってみましょう。
まずは現在形です。

Do you read books ?　「あなたは本を読みますか?」

what に変わって…

What do you read ?　「あなたは何を読みますか?」
一番たずねたい情報である「what」が文頭に

What do you read?　現在形　「あなたは（ふだん）何を読みますか?」

175

それではこれを過去形にしてみましょう。

last week：先週

◀)) **What did you read last week?**

すっぴんの形

「あなたは先週何を読みましたか？」

過去形

do を did に変えるだけで過去形になります。did が過去であることをすでに表してくれているので、動詞（ここでは read）はすっぴんの形をとります。

こんどは who を使った一般動詞の疑問文です。まずは現在形から。

Do you see him？ 「あなたは彼に会いますか？」

↓ who に変わって…

Who do you see ？ 「あなたは誰に会いますか？」

一番たずねたい情報である who が文頭に

↓

Who do you see? 現在形 「あなたは（ふだん）誰に会いますか？」

それではこれを過去形にしてみましょう。

◀)) **Who did you see there on Sunday?**

すっぴんの形

「あなたは日曜日に、そこで誰に会いましたか？」 過去形

疑問詞が主語のときは、語順は元のままで、動詞の形もすっぴんには戻らない

主語の位置に who や what などの疑問詞を使う場合、語順が少し特殊です。

Tom buys the magazine. 「Tom がその雑誌を買う。」

↓

Who buys the magazine? 「誰がその雑誌を買うの?」

上の例文では、文の主語である「Tom が」を「who（誰が）」に変えています。疑問文なのに、Tom が who に変わっただけで、語順も変わらず、動詞もすっぴんの形の buy に戻らず、buys になっていることがわかります。

このように、主語の位置に who や what などの言葉（疑問詞と呼びます）が使われるときは疑問文の語順を使いません。そして、主語になっている疑問詞は「3人称単数」扱いです。

つまり、この who や what は、he や she や it や、Tom や Mary などと同じ扱いを受けます。ですから現在形の動詞では buys のような s が語尾につきます。

主語が疑問詞の過去形の文では、動詞は過去形のままです。

boughtはbuyの過去形

◀») **Andy bought the bread.**
「Andy がそのパンを買いました。」

↓

動詞は過去形のまま

◀») **Who bought the bread?**
「誰がそのパンを買ったのですか?」

日本語文の意味に合わせて単語を並べ替え、自然な英文を作りましょう。ただし、余計な単語が1つあるので、それは除いてください。また、文の先頭の単語は大文字で始めてください。

① 「Jim は昨日ここに来ましたか？」
   (comeは動詞のすっぴんの形、cameはcomeの過去形です)
   (come, came, Jim, did) here yesterday?

② 「私は昨日昼食を食べませんでした。」
   (didn't, don't, lunch, I, eat) yesterday.

③ 「誰がそのお皿を割ったのですか？」
   (brokeはbreak「壊す」の過去形です)
   (broke, did, the dish, who)?

④ 「あなたは火曜日に何をしましたか？」
   (did, do, does, you, on, what) Tuesday?

⑤ 「誰がそのことを知っているのですか？」
   (that, who, know, knows)?

いろいろな時間の表現

過去を表す表現、頻度を表す表現

一般動詞の過去形を学習したので、ここで時間を表すいろいろな表現を学びましょう。

時間の表現は、文の中のどの位置に置くのかに注意しましょう。

- 「**いつそれが起きたのか**」はだいたいの場合、**文末に置く**

    （必ず、というわけではありません。あくまで多くの場合です）

- 「**どれくらいしょっちゅう**（＝どれくらいの頻度で）それが**起きるのか**」は**否定文で not がつく場所**と同じ位置に置くのが一般的。

◀» 「いつ起きたのか」 の表現

today：今日

Don't you have school today?

「今日って、あなた学校あるんじゃなかったっけ？」

👉 don't や doesn't で始まる疑問文は「〜するのではないのですか？」ということです。

every ＋時間帯：毎〜

I go jogging every morning.　「私は毎朝ジョギングに行きます。」

└ go jogging：「ジョギングに行く・ジョギングをする」

179

He cooks <u>every day</u>. 　「彼は毎日料理を作ります。」

└─ cook：「料理を作る」

yesterday：昨日

I visited the museum <u>yesterday</u>.

「私は昨日、（さっき言ったその）博物館を訪れました。」

☞ visit ＋場所：（場所）を訪問する。「行く」という移動のイメージが強い go とくらべて view（見る・眺める）と同じ語源を持つ visit は、「見に行く」イメージを持ちます。

then：そのとき・その当時

He didn't live here <u>then</u>. 　「彼はその当時ここには住んでいませんでした。」

└─ live＋場所：「〜に暮らしている・住んでいる」

期間＋ ago：今から〜前

They visited Fukuoka <u>two years ago</u>.

「彼らは（今から）2年前、福岡を訪れました。」

期間＋ before ＋基準点：あるときから数えて〜前

We left New York <u>two weeks</u> before Christmas.

　　　　　　　　　　期間：2週間　　　　　　　基準点：クリスマス

いつの2週間前？

「私たちはクリスマスの2週間前にニューヨークを出発しました。」

☞ left は leave の過去形。leave は「出発する・立ち去る・離れる・放っておく」などいろいろ意味がありますが、ようするに「その場から離れる」ということです。

Christmas
↓

2weeks

180

◀)) 「どれくらいの頻度で起きるのか」の表現

これらの言葉は多くの場合、否定文のときに not を置く位置と同じ位置に置きます。つまり be の後ろか、一般動詞の直前です。

sometimes：時々

He sometimes reads the magazine. 「彼は時々その雑誌を読みます。」

☞He doesn't read the magazine. の doesn't と同じ位置に sometimes が来ます。

often：しょっちゅう、よく〜する

We often talk about the problem.
「私たちはよくその問題について話し合います。」

always：いつも

The park is always open. 「その公園はいつも開いています。」

☞The park is not open. の not と同じ位置に always が来ています。

be 動詞＋ open の open は「開いている状態にある」という意味を表す形容詞（第4項参照）です。動詞の open は「閉まっているものを開ける」という「変化」を意味します。（例 I opened the door. 「私はそのドアを開けた。」）

I <u>usually</u> get up at six.　「私は<u>ふだん</u>、6時に起きます。」

現在形はそれ自体が「ふだんいつもそうしている」という意味を出します。

例　I get up at six.「私は6時に起きます。」　→*自分の習慣を述べています*

現在形の文に always（いつも）がつくと、その習慣が必ず守られることを、usually（ふだん）がつくと、だいたいいつもその習慣に従っていることを表します。

あるいは、「**いつもは・ふだんはそうしているのだが、今回はちがう**」という文脈でも always や usually を使います。

I <u>usually</u> get up at six, but I got up at eight <u>today</u>.

「<u>ふだんは</u>6時に起きるのだけど、<u>今日は</u>8時に起きました。」

but は2つの文を「しかし」という意味でつなぐ言葉です。
2つの文をつなぐ言葉は「接続詞」と呼ばれます。

日本語文を参考に単語を並べ替え、自然な英文を作りましょう。文頭に来る単語は大文字で始めましょう。

① 「彼は昨日ここにきた。」
　（cameはcomeの過去形）

　(here, he, yesterday, came).

② 「私は毎日テニスをします。」

　(play, every, I, tennis) day.

③ 「彼は（今から）2日前、ここにいた。」

　(was, two days, here, ago, he).

④ 「私は自分の誕生日の2日前にそれを買った。」
　（boughtはbuy（買う）の過去形）

　I bought (before, it, my birthday, two days).

⑤ 「Mike はよくラーメンを食べる。」

　(eats, Mike, ramen, often).

進行形

今やっている最中の話をする

同じ「現在」がついても、現在形と現在進行形はずいぶんと違います。その違いを詳しく説明します。

現在形と過去形：始めから終わりまでひと通りやる

現在形と過去形の大きな特徴は、「動作の始めから終わりまでをひと通りやる」ということです。下の文では現在形でも過去形でも「道の『渡り始めから渡り終わりまで』の動作をひと通りやる」ことを表しています。

cross：「渡る・横切る」

I cross the street every day.
「私はその通りを毎日渡る。」 現在形

I crossed the street yesterday.
「私は昨日その通りを渡った。」 過去形

closs / clossed

進行形：動作の途中・まだ終わっていない

「be 動詞＋～ing」の形で進行形を表します。

進行形というのは「動作の途中であること」、「動作がまだ終わっていないこと」を表す形です。次の文では「（今・そのとき）通りを渡っている途中であり、まだ渡り終わってはいない」ことを表しています。

◀))

— **I <u>am</u> cross<u>ing</u> the street now.**

現在形のbe動詞+〜ing 　現在進行形

「私は今、その通りを渡っているところだ。」

then：「そのとき」

— **I <u>was</u> cross<u>ing</u> the street then.**

過去形のbe動詞+〜ing 　過去進行形

「私はそのとき、通りを渡っているところだった。」

clossing

「いつもの習慣」と「今やっている最中」

現在形と現在進行形を比べてみると、現在形は「いつもの習慣」を表し、現在進行形は「今まさにやっている最中」を表します。

◀)) **"Do you play sports?"**

"I play tennis."

「あなたはスポーツをする？」

「テニスをするよ。」 　現在形

☞「ふだんテニスをする」という習慣の話。

◀)) **"What is Jim doing now?"**

"He is playing tennis now."

「Jim は今何をしているの？」

「彼は今テニスをしているよ。」 　現在進行形

☞「今何をやっている最中なのか」という話。

よくテニスするから
日焼けしてるんだよね

185

進行形の疑問文と否定文のつくり方

　進行形は be 動詞を使って疑問文と否定文を作ります。**疑問文は be 動詞を文頭に出します。**

◀))**Are** you **doing** your homework now?
　　　「あなた今、宿題してるところ?」

目的語が何か知りたいときは、your homework を **what にして文頭**に持って来ます。

◀)) **What** are you doing　　　　　　　　　　　now?

　　　　　「あなたは今、何をしているの?」

否定文は **be 動詞に not** をつけます。

◀)) **I'm not doing** my homework now.　　「私は今、宿題はしていません。」

「起きつつあること」を表す場合

　例えば「ねぇ、まだラーメンできないの?」と言われて、「今作っているところだよ。」と答える場合、それは単に「作っている途中だ・最中だ」ということを意味するだけでなく、「作っている最中だから、もうすぐできるよ」という意味も伝えています。英語でも進行形が「**もうすぐ実現すること**」「**起きつつあること**」を表す場合があります。

◀)) **Hey, she is coming!**

　　　「おい、彼女が来るぞ。」

　　👉 今彼女が来つつある最中で、もうすぐ到着するということ。

（　　　　）の中の動詞の形を変えて、進行形にしてください。現在形の動詞
は現在進行形に、過去形の動詞は過去進行形にしましょう。

例：「Tom は今、本を読んでいます。」

　　Tom (reads) a book now.

　　　→ Tom <u>is reading</u> a book now.

① 「彼は今、宿題をしているところです。」
He (does) his homework now.

② 「彼女はそのとき、眠っていました。」
（眠る：sleep　過去形はslept）
She (slept) then.

③ 「Amyは今、何をしているのですか?」
What (does) Amy (do) now?

④ 「10分前は、私はテレビを見ていませんでした。」
（10分前：10 minutes ago）
I (didn't watch) TV 10 minutes ago.

⑤ （電車のアナウンスで）「ドアが開きます。」
The doors (open).

give の文

「AにBを渡す」という型

単語にそれぞれ意味があるように、文の「型」もそれ自体が意味を持ちます。
ここでは give の文が持つ「型」の意味を考えましょう。

give（「あげる・与える」：過去形は gave）という動詞があります。

この動詞の特徴は後ろに「渡す相手」 A と「与えるもの」 B という2つの目的語をとることです。

🔑 POINT　　　　「A に B を渡す」文の型

◀))

He gave me a nice jacket.
彼　あげた　　A　　　　B
　　　　　目的語①：誰にあげるのか　目的語②：何をあげるのか

He　　①相手
gave

「彼は私にステキなジャケットをくれました。」

②モノ

こうした「2つの目的語を持つ」文の型は「囚に何かを渡す」という意味を持ちます。ですから、「渡す」イメージを持つ動詞はこの文の型をよく使います。

◀))　**teach：教える（＝人に知識を渡す）過去形は taught**

math：「数学」

Mr. Taylor teaches us math.

「テイラー先生は私たちに数学を教えてくれるよ。」

◀))　**show：見せる（＝見せて人に情報を渡す）過去形は showed**

He showed Jake a photo.

「彼は Jake に1枚の写真を見せた。」

◀))　**send：送る（＝人に物を送って渡す）過去形は sent**

company：「会社」　　parcel：「小包」

The company sent me a parcel.

「その会社が私に小包を1つ送ってきました。」

「話す」という動詞には、第 20 項でお話しした say、speak、talk の他に tell が
あります。

tell は「言葉で人に情報を渡す」という意味の動詞です。ですから今回の「渡
す型の文」を使うのが普通です。

He told Keiko his phone number.

「彼は Keiko に自分の電話番号を教えた。」

「言葉で情報を渡す」ということなので、日本語に訳す
とき、tell は「教える」と訳されるときがあります。

日本語文の意味に合うように、単語を並べ替えて自然な英文を作りましょう。
文頭に来る単語は大文字で始めましょう。

① 「Beth は 2 日前、私にバースデーカードを送ってくれました。」
（バースデーカード：birthday card）
Beth (sent, a birthday, me, card) two days ago.

② 「Wendy は寝るときに、（その）子どもたちにお話を聞かせてあげます。」
（子ども：child。複数形はchildren。お話：story。複数形はstories。
寝るときに：at bedtime。）
Wendy (the children, tells, stories) at bedtime.

③ 「その男は私に（とある1枚の）地図を見せました。」（地図：map）
(the man, showed, map, a, me).

④ 「その老人 (the old man) は Ken にその駅への道を教えてあげました。」
（〜への道：the way to＋場所。駅：station）
The old man (the station, Ken, the way to, told).

⑤ 「Yamada 先生は私にヒントを1つ、くれました。」（ヒント：hint）
Mr. Yamada (me, hint, gave, a).

callの文

「A＝Bの形に、～する」という型

前項で、「Aに Bを渡す」という give の型の文を説明しました。今回は「A＝Bの形に～する」という型をもつ、call の型の文を紹介します。

🔊 **His name is Thomas, but <u>we call him Tom.</u>**

「彼の名前は Thomas ですが、私たちは彼のことを Tom と呼んでいます。」

We call him Tom. をちょっと分解してみましょう。

まず We call him. だけなら「私たちは彼を呼びます。」という意味です。

We call him.
私たち 呼ぶ 彼

ただ、これだけだと「彼を何と呼ぶのか」がわからなくて、中途半端です。そこで、後ろに「何と呼ぶのか」の情報をくっつけます。

🔊

🔑 POINT　　「A＝Bの形に、～する」文の型

「私たちは彼のことを Tom と呼んでいます。」

192

これで「私たちは[彼＝Tom]と呼ぶ」という形を表す文の型になります。

[him = Tom]の部分は、意味の上では He is Tom.（彼は Tom だよ）を表します。

「**A** is **B**」（**A** は **B** です）の型が埋め込まれているわけです。

call 型の動詞

call と同じ文の型を取る動詞のなかで代表的なものをいくつか紹介します。

◀)) make [A = B]：「A を B の状態にする」

make は「パン生地をこねる」という語源を持ち、その根っこの意味は「好きな形を作る」です。そこから I made a sandwich.「私はサンドイッチを作った。」のように「作る」という訳がよく出て来ますが、これも「材料をサンドイッチという形にする」という感じがあります。

make [**A** = **B**] の型で、「**A** を **B** の形にする」＝「**A** を **B** の状態にする」という意味が出て来ます。

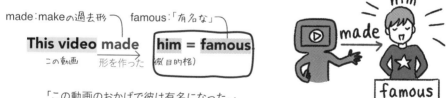

「この動画のおかげで彼は有名になった。」

[him = famous] は意味の上では He is famous.（彼は有名だ）です。

英語は日本語と違って「原因」を主語にすることが多い言語です。この文も直訳すると「この動画（＝原因）が彼を有名にした。」です。

◀)) keep [A = B]：「A を B の状態に保つ」

keep は「何かの状態を保つために、頑張る」という意味の動詞です。ちょっと油断するとすぐに崩れてしまうので、崩れないように力を入れて保つのが keep のイメージです。

This electric heater keeps **the room = warm.**
この電気ストーブ　　　　保つ　　　　その部屋　　暖かい

「この電気ストーブのおかげで（私たちのいるその）部屋は暖かく保たれている。」

[the room = warm] は意味の上では The room is warm.（その部屋は暖かい）です。

◀)) paint [A=B]：「A を B の色に塗る」

Aを塗った結果Aがどうなったのか、ということを表す型です。

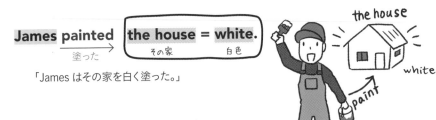

James painted **the house = white.**
塗った　　　　その家　　白色

「James はその家を白く塗った。」

194

[the house = white] は意味の上では The house is white.（その家は白い）です。塗った結果「家が白い」という状態になったことを表します。

◀》 push [A=B]：「A を押して B の状態にする」

これも paint と同じく、「結果」を表す文の型です。

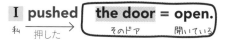

「私は（目の前にあるその）ドアを押しあけた。」

[the door = open] は意味の上では The door is open.（そのドアは開いている）です。押した結果「ドアが開いている」という状態にしたことを表します。

文の型の違いは、意味の違い

前項の give の文の型でも触れた通り、単語や熟語と同じように、**文の型もそれ自体が意味を表します**。

We call him. だけだと「私たちは彼を呼ぶ」、「私たちは彼に電話をかける」という意味になります。これが We call him Tom. だと「私たちは彼のことを Tom と呼ぶ」という意味になるのです。文の型のパターンとその意味に関しては、次の項でもう少し詳しく説明します。

日本語文の意味に合わせて単語を並べ替え、自然な英文を作りましょう。文頭に来る単語は大文字で始めましょう。

① 「あなたのおかげで私はうれしいです。」

(me, happy, you, make).

② 「私はその肉を新鮮な状態に保った。」
(keptはkeepの過去形)
(meat:「肉」 fresh:「新鮮な」)

(kept, I, fresh, the meat).

③ 「彼女はその壁を黄色く塗った。」
(wall:「壁」 yellow:「黄色」)

(the wall, painted, she, yellow).

④ 「彼らは Jane のことを『ミラクルガール』と呼ぶ。」

(Jane, call, the miracle girl, they).

⑤ 「Meg はその窓を押し開けた。」

(open, Meg, the window, pushed).

「文の5つの基本的な型」の復習

動詞の力がどう届くか

これまでいろいろな「文の型」を紹介しました。英語には代表的な文の型が5つあります。英文法ではこれを「5文型」と呼んでいます。

本当はもっと他にもいろいろな型があるのですが、まずはこの5つの代表的な型を知っておくといいでしょう。すべてこれまで本書の中で紹介した文の型です。ここでしっかり整理しておきましょうね。

その前に確認：自動詞と他動詞

第15項で説明した、自動詞と他動詞を確認しておきましょう。

例えば日本語の「風呂が沸く」と「風呂を沸かす」だと、「ひとりでにそうなった」感じがするのが「沸く」、「自分以外のもの（＝他者）に力をぶつけて変化させた」感じがするのが「沸かす」です。

「沸く」のような「自分が自分でそうなる」という動作を自動詞、「沸かす」のような「自分以外のものに力をぶつけて変化させる」動作を他動詞と呼びます。他にも、「ドアが開く」、「家が建つ」、「窓が閉まる」なら自動詞、「ドアを開ける」、「家を建てる」、「窓を閉める」なら他動詞です。

197

「自分が自分でやる動作」の型（第1文型）

　自動詞の文、つまり**「自分が自分でそうする・そうなる」**動きを表す文の型です。sleep（眠る）、swim（泳ぐ）、run（走る）、walk（歩く）などは他のものに力をぶつけるのではなく、「自分が自分でやっている」だけの動きです。別の言い方をすれば「自分から出た力が自分を動かす動作」です。

◀)) I walked in the park.　「私は公園を歩きました。」 第1文型
　　　私　歩いた

　自分から出た「歩く」という力によって、自分が歩くという動作をしているイメージです。この文の**「I」のような「力が出て来るもと」を主語**、walked のような**「出て来る力の種類」を動詞**だと考えてください。

　こうした文型は学校英文法では「第1文型」と呼ばれます。

　「be 動詞＋場所」の表現は「〜にいる」という存在を表す文の型ですが（第13項参照）、これも「自分が自分でそこにいる」という自動詞の動きですから第1文型です。

◀)) I am in Tokyo now.　「私は今東京にいます。」　第1文型
　　　私　いる

🖐 be動詞の根っこの意味は「〜という状態で存在している」なので、この文を直訳すると「私は『今、東京の中』という状態で存在している」＝「私は今東京にいる」。

「自分が自分以外のものに力をぶつける動作」の型（第3文型）

先に第2文型ではなく、第3文型を説明します。他動詞の動き、つまり「**自分から出た力を自分以外のものにぶつける**動き」を表す文の型が第3文型です。

◀)) **I cooked dinner in the kitchen.** 「私はキッチンで夕食を作りました。」
私　料理した　夕食　　　　　　　　　　　　　　　　　　　**第3文型**

ここでは私から出た「料理する」力が dinner にぶつかることで、dinner ができあがるわけです。**ここでの dinner のような、動詞（cooked）の力がぶつかる言葉を目的語**と呼びます。

修飾語って何？

I walked in the park. では、I から出た walk の力は I に戻ってきてそれで終わりです。公園を歩かせようとしているわけではないので、in the park には walk の力は届いていません。I cooked dinner in the kitchen. では I から出た cook の力は dinner にぶつかってそれで終わりです。「キッチンを料理する」わけではありませんから、cook の力は in the kitchen には届いていません。

こうした**「動詞の力が届いていない言葉」**を修飾語と呼びます。

◀))
> **I walked in the park.**　　**第1文型**
> 主語　　　　修飾語
>
> **I cooked dinner in the kitchen.**　**第3文型**
> 主語　　　目的語　　　修飾語

Ken is a student.（Ken は学生です。）のように「**A は B です**」**の型**の文が第2文型です。ここでは Ken というのは何者なのか、その中身を説明するのが a student ですが、こうした「**中身を説明する**」**言葉**のことを**補語**（ほご）と呼びます。第3文型で出てきた目的語と見た目が紛らわしいですね。「動詞の力をぶつける対象」なら目的語で、「主語の中身を説明する」なら補語です。

目的語
◀)) **He picked up the wallet.** 「彼はその財布を拾い上げた。」 　第3文型
彼　　拾い上げた　→「拾い上げる」力が
　　　　　　　　　　ぶつかる対象

補語
◀)) **Ken is a student.** 「Ken は学生です。」 　第2文型
　　　　kenの中身(何者なのか)

補語
◀)) **Meg is hungry.** 「Meg はお腹が空いています。」 　第2文型
Megの中身(身体や心の状態)

「he」は「財布」に「拾い上げる」
というカをぶつけているけど、
「Ken」は「生徒」に、「Meg」は
「お腹がすいた」に何かをしている
わけではありません。補語は主語
の「中身」を表しています。

第4文型（give の文）：「人に渡す」の型

give の文で見た通り、**2つの目的語を持つ第4文型は、「人に〜を渡す」という意味を持ち**、1つ目の目的語が「渡す相手」、2つ目の目的語が「渡す内容」を表します。tell や teach、show など「渡すイメージ」を持つ動詞は、この文型を使うのが普通です。

◀)) **Andy told us his address.**　　「Andy は私たちに自分の住所を伝えた。」

言葉で　誰に渡すのか　　　　　　　　　　　　　　**第4文型**
情報を　　　　何を渡すのか
渡す

第5文型（call の文）：「A = B の形に、〜する」の型

第3文型の We call him. だと「彼を呼ぶ」、あるいは「彼に電話をする」という意味になるのが、第5文型の We call him Tom. だと「私たちは彼を Tom と呼んでいる。」という意味になります。第3文型では「彼」に対して「声を使って」あるいは「電話を使って」呼ぶという力をぶつけています。

◀)) **We call him.**　　「私たちは彼を呼ぶ・彼に電話をかける。」　　**第3文型**

（声・電話で）呼ぶ

第5文型では「彼 = Tom」、つまり「彼は Tom だ」という形で彼のことを呼んでいることになります。

◀)) **We call〔him = Tom.〕**　　**第5文型**

私達　呼ぶ　彼　=　Tom

「私たちは彼のことを Tom と呼んでいる。」

201

第4文型も第5文型も動詞の後ろに2つの言葉のかたまりが来るわけですが、**第4文型は「渡す」イメージになるかどうか、第5文型は「Ａはだ」の形になるかどうかで見分けます**。例えば、make という動詞は第4文型でも第5文型でも使えますが、文型が違うと意味も異なります。

◀)) **Tom made me coffee.**   「Tom は私にコーヒーを作ってくれた。」
     ⟶
     作って渡した   第4文型

👉 make の第4文型は「作って渡す」、つまり「作ってあげる」意味になる。

◀)) **Tom made〔me =angry.〕** 「Tom のせいで私は腹が立った。」
     ⟶
     me = angry の形を作った   第5文型

👉 第5文型は「A=B」の意味になるが、第4文型では「A=B」の意味にはならないことに注意。
   (例：✕「私はコーヒーだ」)

202

以下の文の文型を、第1〜第5文型の中から「第何文型」なのか、答えましょう。

① You are lucky. (君は運がいい。)

② He stayed in the hotel. (彼はそのホテルに滞在した。)
(stay：動かずにそのままいる・滞在する)

③ He didn't show me the painting.
(彼は私にその絵を見せてくれなかった。)
(painting：絵画)

④ She left the door open. (彼女はドアを開けっぱなしにした。)
(leave[過去形はleft]の根っこの意味は「その場を離れる」。ここではドアを開けたままその場を離れたということ。)

⑤ They closed all the windows. (彼らは窓を全部閉めた。)
(close：閉じる all：全ての)

現在形は「いつもそうだよ」形

過去形は「今じゃなくて過去あのときだよ」形

動詞の過去形の否定文と疑問文の作り方

一般動詞の過去形の否定文は
did not + 動詞のすっぴんの形

I did not go to school yesterday.

一般動詞の過去形の疑問文は
did + 動詞のすっぴんの形〜?

Did you open the door?

いろいろな時間の表現

「いつそれが起きたのか」はだいたいの場合、文末に置く。

「どれくらいしょっちゅうそれが起きるのか」は否定文で not がつく場所と同じ位置に置くのが一般的。

進行形

closing

give の文

「A に B を渡す」という型

He gave me a nice jacket.

①相手
②モノ

call の文

「A=B の形に、〜する」という型

We call him = Tom.

him
call

「文の5つの基本的な型」の復習

第1文型
「自分が自分でやる動作」の型

第3文型
「自分が自分以外のものに力をぶつける動作」の型

第2文型
「A は B です」の型

第4文型
「人に渡す」の型

第5文型
「A = B の形に、〜する」の型

chapter7

ややこしい疑問文の語順

whatとwhichの違い

「あなたは何色が好きですか?」の2種類の意味

たとえば what color も which color も「何色」と訳されることがあります。
けれどもそこに隠された意味は少し異なります。

which という言葉

which は「**どれ?**」を意味する疑問詞です(「詞」は「言葉」という意味ですから疑問詞は「疑問を表すための言葉」ということです)。

「どれ?」ということですから、「**与えられた選択肢の中から選ぶ**」ということを意味します。以下の文の型がよく出て来るので、マスターすることをお勧めします。

which + 疑問文, A or B?

be 動詞の文の例

◀» **Which is yours, this pen or that pen?**

> 「このペンとあのペン、どちらがあなたのですか?」
> (直訳:どちらがあなたのですか? このペン? それともあのペン?)

文の型の成り立ち

This is yours. の主語である this が which に変わって Which is yours? になっただけです。
第 28 項で説明した通り、主語に疑問詞が来る場合、文の形は変わりません。

◀)) **Which <u>do you like</u>, this red shirt or that blue shirt?**

「この赤いシャツとあの青いシャツ、どちらが好きですか?」

Do you like this? の this の部分が which に変わって Do you like <u>which</u>? になり、一番たずねたい情報である which が文頭に出て来て Which do you like? となっています。

or について

<u>A</u> or <u>B</u>というのは 「<u>A</u>もしくは<u>B</u>」「<u>A</u>あるいは<u>B</u>」「<u>A</u>それとも<u>B</u>」 など、「**どちらか1つを選ぶ**」 を意味する言葉です。

which だけなら 「どちらが」 という意味ですが、「which +名詞」で 「どちらの(名詞)が」 という言い方もできます。

◀)) ┌ **Which pen is yours, this one or that one?**

「こちらとあちら、どちらのペンがあなたのですか?」

└ **Which shirt do you like, this red one or that blue one?**

「この赤いのと、あの青いの、どちらのシャツが好きですか?」

👉 one というのはここでは「やつ」「もの」という意味で、前にある言葉を指しています。直訳の感覚は、「とある1つのもの」です。

2つの「何色が好きですか?」

what は「何?」、which は「どれ?」です。例えば、日本語で「あなたは何色が好きですか?」と言うとき、そこには2種類の意味が隠れている可能性があります。

①　例えば「赤・青・黄色」といった3種類の色があって、その中で「あなたは何色が好きですか?」とたずねる場合

②　どんな色でもいいから「あなたは何色が好きですか?」とたずねる場合

どちらが What color do you like? で、どちらが Which color do you like? だと思いますか?

そうです。which が持つ「どれ?」の意味は、「与えられた選択肢の中から選ぶ」ということです。ですから①のような「赤・青・黄色」という3つの色から選ぶとき、Which color do you like? です。文の形の成り立ちは、以下の通りです。

Do you like this color?　（あなたはこの色が好きですか?）
↓
Do you like which color?　（あなたはどの色が好きですか?）
↓

◀)) **Which color do you like　　　　　?**

ー番たずねたい情報はwhichだけではなく、which colorというまとまり

what の場合、選択肢はありません。ですから②のように頭の中に浮かぶどんな色でもよいのだけど、「何色が好き?」と言う場合は

◀)) **What color do you like?**　（あなたは何色が好きですか?）です。

日本語文を参考に単語を並べ替えて、自然な英文を作りましょう。文の先頭の単語は大文字で始めましょう。

① 「和食と中華料理、どちらが好きですか。」
（和食：Japanese food、中華料理：Chinese food）

(like, which, you, do), Japanese food or Chinese food?

② 「ロンドンとパリの、どちらの街をあなたは訪れたのですか。」

(city, you, did, visit, which), London or Paris?

③ 「これとあれ、どっちがあなたの署名なのですか。」
（署名：signature）

(signature, is, your, which), this one or that one?

④ 「どの名前があなたは好きですか。」

(do, name, you, like, which)?

⑤ 「彼はどちらを選んだのですか？」
（選ぶ：choose）

(did, choose, which, he)?

「いつ?」「どこで?」をたずねよう

when と where の使い方

時間と場所をたずねる疑問詞は、それぞれ when(いつ)と where(どこで・どこに・どこへ)です。これらを使った文の作り方をマスターしましょう。

when(いつ)

疑問文の時間の表現を when に置き換え、最後に when を文頭に持ってきて出来上がりです。

> seven(7時)だけでなく、at seven(7時に)全体を when に置き換えるのがポイント!

◀️ **Do you get up at seven?**
　　　　　　　　　whenに

↓「(ふだん)あなたは7時に起きますか?」

◀️ **When do you get up　　　　　?**

一番たずねたい情報を文頭に持ってくる

「(ふだん)あなたはいつ起きますか?」

when は「いつ?」ということなので、時刻だけでなく、曜日でも年でも時間のことなら何でもたずねられます。

「happen:発生する」

◀️ "**When did the accident happen?**" "**Last Sunday.**"
「その事故はいつ起きたのですか?」「先週の日曜日です。」

新しい？最後？

last は「過去の中で最も今に近い」ことを表します。last night なら「昨夜」、last month なら「先月」です。

「最後の」という意味を表すときには the last と the をつけます。the first (最初の)、the second (2番目の) と同じように、順番を表す場合の last には the をつけるのです。

● He is the last student.「彼が最後の生徒です。」

◀)) "When did you come to Japan?" "In 2015."

「あなたはいつ日本に来たの?」「2015年だよ。」

「何時に」というふうに特に時刻をたずねたい場合は、
when の代わりに what time を使います。

◀)) What time do you get up?

「(ふだん) あなたは何時に起きますか?」

where (どこで・どこに・どこへ)

疑問文の場所の表現を where に置き換え、文頭に持って来れば出来上がりです。

◀)) Do you live in Kobe?
　　　　　where に
「あなたは神戸に住んでいるの?」

> Kobe (神戸) だけでなく、in Kobe (神戸に) 全体を where に置き換えるのがポイント!

◀)) Where do you live ？

一番たずねたい情報を文頭に持ってくる

「あなたはどこに住んでいるの?」

出身地をたずねるときの定番は Where are you from? ですね。その成り立ちは…

◀)) **Are you from Australia?**　「あなたはオーストラリア出身ですか？」

whereに

◀)) **Where are you from ▮▮▮▮▮?**　「あなたはどちらの出身ですか？」

一番たずねたい情報を文頭に持ってくる

ここで「おや？」と思った方はいらっしゃいますか？

これまで at seven が when に変わり、in Kobe が where に変わったように、at や in などの「前置詞」も含めて丸ごと when や where に変わってきました。from も「前置詞」の仲間です。

ところが上の例では from Australia の Australia だけが where に変わって、from はそのまま残ります。

実は、when や where は下のような意味なので、at seven や in Kobe は at や in も含めて丸ごと when や where に変わるのです。

---

when（いつ）
= at what time（どのときに）、on what day（どの日に）、in what year（どの年に）
where（どこで・どこに・どこへ）
= in what place（どの場所の中で）、at what place（移動中のどの地点で）、to what place（どの場所へ）

212

けれども from はそれとは無関係な前置詞なので、from Australia ごと where に変わるのではなく、Australia だけが where に変わり、from は残ります。

Where are you from? で出身地を聞く

さて、Where are you from?（あなたはどちらの出身ですか?）ですが、where は国でも都市でもどこでも指せるので、"Where are you from?" "I'm from Osaka." のように、出身国だけでなく、都市などの出身地もたずねることができます。

出身国に限定して質問したいときには where の代わりに what country を使って What country are you from? と聞けばいいですし、さらには「アメリカのどこの出身ですか?」のように詳しくたずねたいときには、下記のように「where in ＋国名」という言い方もあります。

◀)) **"Where in the US* are you from?" "I'm from Boston."**

「あなたはアメリカのどこ出身ですか?」「ボストン出身です。」

われらが「アメリカ」

米国人は「アメリカ合衆国」のことを一般的には America とはあまり言わず、the US（ザ・ユーエス）や the States（ザ・ステーツ）などと呼びます。米国人が America という呼び方で自分の国を呼ぶときは、愛国心の感情を表す場合が多いです。⊛トランプ大統領のスローガンの "Make America Great Again"（アメリカをもう一度偉大な国に）など

日本語文に合わせて単語を並べ替え、自然な英文を作りましょう。文の先頭の
単語は大文字で始めましょう。

① 「あなた今、どこにいるの？」
(you, where, are) now?

② 「いつその電車は来たの？」
(the train, did, come, when)?

③ 「(あなたは) 出身国はどちらですか？」
(are, from, what, you, country)?

④ 「彼はいつ、その手紙を書いたの？」
（書く:write　手紙:letter)
(he, when, the letter, write, did)?

⑤ 「どこであなたはそれを見つけたの？」
（見つける:find)
(did, find, you, where, it)?

whyとforとbecause

理由をたずねる・説明する

理由をたずねるのは why（なぜ）です。why の文は、普通の疑問文の理由の表現の部分を why に変え、最後に文頭に why を持っていくとでき上がりです。

ここでは、「for ＋名詞のかたまり」と「because ＋主語＋動詞～」という「理由の表現」も紹介します。

for：目的を表す前置詞

for は「**～のために**」という目的・目標を意味する前置詞（ぜんちし）です。
for you なら「あなたのために」ということです。

◀))) **Did he do this <u>for you</u>?** （彼はあなたのためにこれをやったのですか？）

↓ youだけでなく、for youごとwhyに変える

◀))) **<u>Why</u> did he do this _____?**

一番たずねたい情報を文頭に持ってくる

「彼はなぜこれをやったのですか？」

215

why は for what reason（何の理由のために：reason は「理由」）という意味を持つ言葉なので、「体内」に for を含んでいます。ですからこの例文では for も含めて for you 全体を why に変換しています。

because：理由を表す接続詞

because は「～なので」を意味する接続詞（せつぞくし）です。

前置詞と接続詞では、後ろに来る言葉の形が違うので注意が必要です。

前置詞の後ろには名詞のかたまりが来ます。例えば in his box（彼の箱の中に）とか、on our table（私たちのテーブルの上に）とか to the station（駅へ）とかです。

> 👉 「名詞のかたまり」と呼んでいるのは、boxやtableなどの名詞に加えて、his、our、theなどの「＋α」を含めて1つの意味の「かたまり」だからです。

けれども**接続詞の後ろには「主語＋動詞～」**が来ます。

late：「遅い」

have：「(出来事)を持つ」
accident：「事故」

◀)) **I was late because I had an accident.**
　　　　　　　　　　　主語　＋動詞

「私は事故に遭ったので遅刻しました。」

216

why の文を作るときの語順の考え方ですが、普通の疑問文である Were you late <u>because you had an accident?</u>（あなたは事故に遭ったから遅刻したの?）の because you had an accident が丸ごと why に変わると考えましょう。これが文頭に来ると、<u>Why</u> were you late?（あなたはなぜ遅刻したの?）になります。

会話では why の問いに対して because で答えるというパターンがよくあります。

🔊》 "**Why were you late yesterday?**"
　"**Because I had an accident.**"
　　「なぜ昨日遅刻したの?」「事故に遭ったんだよ。」

ただし、書き言葉ではこれはあまりよいとはされません。

because は「接続詞」です。接続詞というのは、2つの「主語＋動詞〜」を接続するための言葉です。

「主語＋動詞〜」← 〈接続〉 → 「主語＋動詞〜」

Because I had an accident. だけでは、「主語＋動詞〜」が1つだけしかありません。こういうのは、あくまで会話での、くだけた表現だとされます。

本来は下のように 2 つのパターンで「主語 + 動詞」をつなぎます。

I was late yesterday ← because → I had an accident.
結果の主語+動詞〜　　　　　　接着剤　　　　理由の主語+動詞〜

接着剤

Because → I had an accident, I was late yesterday.
理由の主語+動詞〜　　　　結果の主語+動詞〜

「事故に遭ったので昨日は遅刻しました。」

よくある間違いは、以下のようなものです。

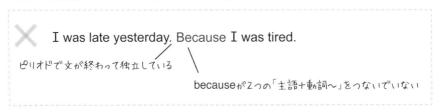

✕　　I was late yesterday. Because I was tired.

ピリオドで文が終わって独立している

becauseが2つの「主語+動詞〜」をつないでいない

　日本語は「私は昨日遅刻しました。なぜなら疲れていたからです。」のように独立した文が2つ並んでもかまわないのですが、英語の場合、**because** は接続詞なので、2つの文に独立させず、**because** でつないで1つの文にします。日本語で言えば「私は疲れていたので、昨日遅刻しました。」という1つの文になる感じです。

because
接着剤

218

1 (　　　　　) の中にforかbecauseのどちらかを入れましょう。

① 「これは私のためのケーキですか？」

Is this cake (　　　) me?

② 「私は風邪をひいていたので家に帰りました。」
（have a cold：風邪をひいている）

I went home (　　　) I had a cold.

2 日本語文を参考にして単語を並べ替え、自然な英文を作りましょう。文頭の単語は大文字で始めましょう。

① 「なぜあなたはロンドンを訪れたのですか？」

(did, visit, why, you) London?

② 「どうしてその映画が好きなの？」
「私はアクションムービーが好きだから。」
（movie：映画）

"(like, do, the movie, you, why)?" "Because I like action movies."

③ 「私はあなたのために本を1冊買いました。」
（boughtはbuy[買う]の過去形）

I (a book, for, bought) you.

howと形容詞と副詞

howはveryの生まれ変わり

「どんなふうなのか」「どんな様子なのか」をたずねるのが how です。いろいろな使い方があり、ちょっとややこしいところがあります。2つのパターンに分けて考えていきましょう。

1. how だけで使う場合

how を使って **「どんなふう」**、**「どんな感じ」** なのかをたずねます。

一番ポピュラーなのは How are you? ですね。「元気?」とか「調子はいかが?」とか、いろいろな訳し方がありますが、直訳すると「あなたはどんな状態にありますか」ということです。

how:「どんなふうなのか」

◀») **How are you?**　　「調子はいかが?」

areはbe動詞なので、その根っこの意味は「～という状態で存在している」ということ

その他に「やり方」をたずねるのに、以下のような言い方もあります。これも直訳は「どんなふうにあなたはそれをやったの?」ということです。

◀») **How did you do that?**　　「それ、どうやったの?」

2. how ＋「様子を表す言葉」で使う場合

how のもう1つの使い方は、**how と「様子を表す言葉」をセットで使って「どのくらい○○」をたずねる**パターンです。この「様子を表す言葉」には形容詞（けいようし）と副詞（ふくし）の2通りがありますので説明しておきます。

形容詞は名詞の様子を説明

　形容詞は**名詞の説明をする言葉**です。

　例えば「机」は物の名前ですから名詞ですが、「大きな机」「新しい机」のように名詞である「机」の様子を説明する言葉を形容詞といいます。英語で言えば a large desk の large や a new desk の new が形容詞です。

形容詞
a <u>large</u>
desk

副詞① 動詞の様子を説明

　副詞には2つの使い方があります。その1つ目は「**動詞の様子を説明する**」です。例えば「走る」というのは動詞ですが、「速く走る」とか「ゆっくり走る」のように「どのように走るのか」を説明するのが副詞です。英語で言えば run fast の fast や run slowly の slowly が副詞です。

副詞
run <u>slowly</u>

副詞② 形容詞や副詞の程度を説明

　副詞の2つ目の使い方は「**形容詞や副詞の程度を説明する**」です。

　例えば「大きな机」の「大きな」は形容詞ですが、どのくらい「大きい」のかという程度を説明する、「とても大きな机」のような言葉は副詞です。英語で言えば a very large desk の very が副詞です。

　副詞の程度を説明するのも副詞です。

副詞　形容詞
a <u>very</u> large desk

例えば「速く走る」の「速く」は副詞ですが、どのくらい「速く」なのかという程度を説明する、「とても速く走る」のような言葉は副詞です。英語で言えば run <u>very</u> fast の very が副詞です。

how は very の生まれ変わり

very は程度を説明し、how は程度をたずねます。

<u>very</u> large「とても大きい」が、<u>how</u> large で「どれくらい大きい」になり、<u>very</u> fast「とても速く」が、<u>how</u> fast で「どのくらい速く」となります。

ですから how の語順は、**普通の疑問文の very の位置に how が来る**のだと考えてください。

そして「very ＋形容詞・副詞」が1つの意味のかたまりであるのと同じく、「how ＋形容詞・副詞」も1つの意味のかたまりとして扱い、文頭に持っていきます。

◀ᴴIs the desk <u>very large</u>?　「その机はとても大きいの?」

how large（どのくらい大きい?）

◀ᴴ <u>How large</u> is the desk ＿＿＿＿？　「その机はどのくらい大きいの?」

一番たずねたい情報を文頭に持ってくる

◀ᴴDoes Kenny run <u>very fast</u>?　「Kenny はとても速く走るの?」

how fast（どのくらい速く?）

◀ᴴ <u>How fast</u> does Kenny run ＿＿＿＿？　「Kenny はどのくらい速く走るの?」

一番たずねたい情報を文頭に持ってくる

1 aとbのうち、正しい語順の文を選びましょう

① 「あなたの身長はいくつですか？」
a. How are you tall?　　b. How tall are you?

② 「これはいくら（金額）ですか？」
a. How is this much?　　b. How much is this?

2 日本語文に合わせて単語を並べ替え、自然な英文を作りましょう。文頭の単語は大文字で始めましょう。

① 「パーティはどうでしたか？」
(the party, how, was)?

② 「どうやってそれを知ったの？」
(did, know, how, you, that)?

③ 「あなたは卵をいくつ持っていますか？」
(many, do, how, eggs, you) have?

what と which の違い

what
選択肢を限られずに選ぶ

which
与えられた選択肢の中から選ぶ

which?
どれ?

「いつ?」「どこで?」をたずねよう

Do you get up at seven?

at seven 全体を
when に置き換え

When do you get up ____?

一番たずねたい情報を文頭に持ってくる

言いたい
こと
先に言う!

why と for と because

I was late
because
I had an accident.

接着剤

late!
because

how と形容詞と副詞

① 「どんなふう」、「どんな感じ」なのか
たずねる

② 「様子を表す言葉」をセットで使って
「どのくらい○○」をたずねる

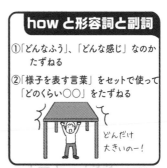

どんだけ
大きいのー!

chapter8

意見・気持ちを表したり、
お願いしたりする文

命令文とlet'sの文

単に「しましょう」ではなくて……

ここでは「～しなさい」を意味する命令文（めいれいぶん）と呼ばれる文の型と、「一緒に～しましょう」を意味する let's の文を解説します。

命令文のかたち

命令文には**主語がありません。**

主語をつけるとしたら、目の前の「あなた」つまり you ですが、日本語でも面と向かって「あなた○○しなさい」と言うのはだいぶキツい感じがして、ちょっとためらいますよね。それと同じで、英語でも主語をつけません。

命令文は、**動詞のすっぴんの形（動詞の原形）**で始めます。

動詞のすっぴんの形

🔊 **Open the window.**

「窓を開けなさい。」

226

　ちなみに is、am、are などの be 動詞のすっぴんの形は be です。これが「be 動詞」と呼ばれるゆえんですね。He is quiet.（彼は静かだ。）のような文を命令文で使うときは、Be から始めます。

🔊 **Be quiet.**　　「静かにして。」
　　　　　　　　　動詞のすっぴんの形

「～しないで」という、**「禁止」を表すときには文頭に don't** をつけます。

🔊 **Don't open the window.**　　「窓を開けないで。」

　be 動詞のときも Don't を使います。

🔊 **Don't be sad.**　　「悲しまないで。」

　少していねいなひびきを持たせたいときには「悪いのですが／お手数ですが（～してください）」を意味する please をつけます。文頭につける場合と、カンマを伴って文末につける場合があります。

🔊 ┌**Please be quiet.**　「お静かに願います。」
　 └**Be quiet, please.**　「静かにしてください。」

please を文頭につける場合と文末につける場合

please を文頭につけた方が「ご面倒をおかけしますが」という感じが先にやって来るので、少していねいに聞こえます。文末につけたときは、あくまで命令の口調を少し和らげるために後づけで please を言う感じがするので、少し冷たく聞こえるようです。

お店で注文したりするときには、「（注文する物）, please.」という言い方もよく使われます。

🔊 **Two hamburgers, please.**　「ハンバーガーを2つください。」

この場合は文末に please をつけます。❌ Please two hamburgers. とは言いません。

命令文がきつく聞こえることを嫌だと思う場合は、次の項で説明する can（できる）を使って、「Can you ～ ?（～できますか）」という言い方ができます。人に物を頼む場合は命令文よりも、**Can you ～ ?** の文がオススメです（第39項参照）。

🔊 **Can you open the window?**　「窓を開けてもらえますか?」

「please ＋命令文」は公共のアナウンスなどでよく使われます。

fasten:「締める」。t は発音しないことに注意!

🔊 **Please fasten your seatbelt.**
「シートベルトをお締めください。」（飛行機の機内アナウンスで）

「please ＋命令文 .」は少し堅く、場合によっては冷たく聞こえるのに対して、**Can you ～ ?** の文は日常会話のくだけた柔らかい響きを持つ、と考えていいでしょう。

228

let's は「私たちみんなで一緒に」と誘う

「let's ＋動詞のすっぴんの形〜」で「私たち**一緒に〜しましょう**」です。

◀)) **Let's dance.**　　「一緒に踊りましょう。」

　　　　　　　　　動詞のすっぴんの形

「私たちは**〜しないようにしましょう**。」というときには
「let's not ＋動詞のすっぴんの形〜」です。

◀)) **Let's not talk about it.**

　　　　　　　　　　　動詞のすっぴんの形

　　　「それについては（私たちは）話をするのはやめましょう。」

　注意したいのは、let's は単に「〜しましょう」ではなく「私たちみんなで一緒に〜しましょう」という「**私たちの意思（やる気）の意味**」を出すということです。

　let's は let us の短縮形で、let は「したいようさせてやる」、us は「私たちを」です。直訳すると「私たちをやりたいようにさせてあげよう＝私たちは気の進むままに、〜をしよう」となります。

　日本語では、よくスローガンなどで「〜しましょう」という表現を使いますが、そこに let's を当てはめてしまうと、おかしくなる場合があります。

　　　「（下校時間になったら、あなたたち学生のみなさんは）家に帰りましょう。」（スローガン）

　✕ Let's go home.　　◀)) **Please go home.**

「（さぁ、日も暮れたし）私たち、家に帰りましょう。」

（私たちの意思の話）

🔊 **Let's go home.**

また、相手に対して軽い命令のつもりで「（あなたは）～しましょうね」と言いたいときにも、let's は使えません。let's は「私たちで一緒に～しましょう」という意味だからです。

「（あなたは）自分の宿題をしましょうね。」

✕ Let's do your homework.
　　　　　└ your：あなたの

自然なのは、下記のような表現です。

🔊 **Do your homework.** 「（あなたは）自分の宿題をやりなさい。」

🔊 **Why don't you do your homework?**

「直訳：あなたはなぜ自分の宿題をしないの？」→「あなたは自分の宿題をしたら？」

「（私たち一緒に）自分の宿題をやりましょう。」
　　　　　┌ our：私たちの
🔊 **Let's do our homework.**

命令文は目の前の「あなた（たち）」に命令し、
let's の文は「私たちで一緒に」という意思表示をする文の型です。

日本語文の意味に合うように単語を並べ替えて、自然な英文を作りましょう。
文頭の単語は大文字で始めましょう。

① 「車を停めて！」
(the, stop, car)!

② 「救急車を（1台）呼んで！」
(ambulance：救急車)
(ambulance, call, an)!

③ 「その計画について一緒に話し合いましょう。」
(plan：計画)
(about, let's, the plan, talk).

④ 「(私たち）けんかするのはやめましょう。」
(fight：争う)
(not, let's, fight).

⑤ 「夕食、楽しんでね。」（単語が1つ余分なので除きましょう）
(your, let's, dinner, enjoy).

「できる」「してほしい」を言う

can の文

今回は can という言葉を学習します。「～することができる」という意味ですが、「能力的に～できる」と「状況的に～できる」の2つの意味があります。

can: することができる

「can ＋動詞のすっぴんの形」で「**～することができる**」という意味を表します。

◀») **He can run fast.** 「彼は速く走れます。」

　　👉 主語がheやsheでもcans_やruns_とする必要はありません。

He can
run fast

待って～
おつり！

can は疑問文や否定文では do や does と同じ使い方をします。疑問文では can を文頭に、否定文では can に not をつけます。短縮形は can't です。

◀») **"Can you play the piano?" "No, I can't."**

　　「(あなたは) ピアノが弾けるの?」「いや、弾けないよ。」

命令文より優しく聞こえる can

人に「してほしい」「しないでほしい」というお願いを、can を使って表すことができます。そして、命令文よりも優しくひびくので、とても使い勝手がいいです。

Can I ～?の型

自分が何かをするにあたって、**相手に許可を求める**とき、「Can I ～?」の型を使います。

◀)) **Can I ask you a question?**

質問する

「1つ質問してもいいですか?」

「ask+人+質問」で「人に質問をする」です。「渡す」を意味する give型の文型(第4文型)をとります。「質問状を相手に渡す感じですね。

前に出てきた「速く走れる」や「ピアノが弾ける」の can は、「**能力として、できる**」という意味ですが、ここでの can は「状況的に～できる」、つまり「**～することが可能**」という意味です。

お店で注文するときもこの型が使えます。

コーラは液体ですから本来は数えられない名詞で a はつきませんが、商品として受け取るときに「一杯の」という意味で a がつきます。「コーラ2つ」なら two Cokes です。

◀)) **Can I have a medium Coke?**

「M サイズのコーラを1つもらえますか?」

Can you ～?の型

　相手に何かしてほしいとき、「Can you ～?」の型を使います。「あなたは（状況的に）～できますか」が、「～してもらえませんか」という意味で使われるわけです。

　命令文が出す「私は～してほしいから、～してください」という自分の意思を相手に強制する感じとは違い、あくまで「状況的に可能か」ということなので、相手の都合を優先する感じが出て、優しく聞こえます。

◀ﾘ)) **Can you tell me the way to the station?**

　　　　　教える

「駅までの道を教えてくれませんか?」

こんなところの駅

え?

You can ～の型

目の前の相手に許可を与えるとき、「You can ～ .」の型を使います。「あなたは（状況的に）～できるので、やっていいのですよ」ということです。

「（私がしてほしいから）～しなさい」の＊命令文に比べてかなり優しく響きます。

◀)) **You can go now.**

「もう行っていいですよ。」

食べたらお行き

いいコだったね！

You can't ～の型

目の前の相手に、何かを禁止するとき、「You can't ～ .」の型を使います。

「（私がしてほしくないから）～してはいけません」という命令文とは違って、「状況的に～することができないから、しないでください」というひびきがある分、**can't** の方が柔らかく響きます。

◀)) **You can't come in.** 「入って来てはいけません。」

※「でも、命令文でも please をつければいいんじゃない？」と思う方もいらっしゃるかもしれません。けれども「悪いのだけど／お手数ですが～してください」という please ＋命令文は、「ていねいに、自分の気持ちを押しつける」イメージがあり、かえって「さからえない雰囲気」が出るときがあります。

235

（　　　　）の中に入る、最も自然な選択肢を１つ選びましょう

① 「(部屋の中に) 入ってもいいですか？」

（　　　　）come in?

1. Can you　　　2. I can't　　　3. Can I　　　4. You can

② 「ここでタバコを吸ってはいけません。」

（　　　　）smoke here.

1. You can't　　　2. You can　　　3. I can　　　4. I can't

③ 「コーヒーを１杯もらえますか。」

（　　　　）have a cup of coffee, please?

1. I can't　　　2. Can you　　　3. Do you　　　4. Can I

④ 「さぁ (やってみて) ！ 君ならできるよ！」

Come on, （　　　　）do it!

1. I can　　　2. you can　　　3. can you　　　4. you can't

⑤ 「(そこの) 塩をとってもらえませんか？」
(pass：渡す　salt：塩)

（　　　　）pass me the salt?

1. Can I　　　2. Can you　　　3. You can't　　　4. Can't I

「〜かもしれないね、わからないけど」

may と might の文

ここでは、**may** という言葉を勉強します。「〜してよろしい」の **may** はちょっと偉そうな感じです。「〜かもしれない」の **may** は断言を避けたいときにとても便利です。

may という言葉があります。意味は大きく分けて2つです。

> 1.「〜してよろしい」
> 2.「かもしれない」

can と同じく「may ＋動詞のすっぴんの形」の形で使います。

「〜してよろしい」は使い方に注意

　may の「〜してよろしい」は使い方に気をつけましょう。これは例えば先生や上司や裁判所の判事が、生徒や部下や裁判を受ける人に対して「行ってよろしい」「座ってよろしい」と言うときに、相手を主語にして使います。

🔊 **You may go.**　「行ってよろしい。」

動詞のすっぴんの形

決して優しい感じではなく、偉そうな感じがします。

237

もっと優しく「〜していいですよ。」と言いたい場合は、**can** を使いましょう。

🔊 **You can go.**　「行っていいですよ。」

「私が許可する！」という上から目線の **may** に比べて、**can** は「状況が大丈夫だから可能ですよ」という意味なので、「人間の上下関係」は出てきません。

さて、may の「上下関係」を逆手にとって、とてもていねいな言い方をすることができます。それが「May I 〜？（〜してもよろしいですか）」です。

🔊 **May I come in?**

　　　「中に入ってもよろしいでしょうか？」

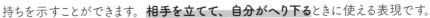

may を使うことで相手に対して「あなたは私に許可を下すことができる、上の立場の人なのですよ」という気持ちを示すことができます。**相手を立てて、自分がへり下る**ときに使える表現です。

もちろん Can I come in? と言うこともできます。can を使う場合は「私が入るのは、状況的に可能ですか？」ということで、上下関係は表れませんので、堅苦しくない言い方を好むときに使います。

「かもしれない」の may と might

may は「**はっきりとした理由はないけど、そうかも、と思う**」
気持ちを表すこともできます。「わかんないけどね」という気
持ち、つまり「自分のこの判断に、責任は持てないよ」とい
う気持ちがこもっています。

◀ ⑴ It <u>may rain</u> tonight.

「今夜は<u>雨が降るかもね</u>（わからないけど）。」

itは「状況」を意味し、お天気を表す文の主語になります。（第25項参照）

これが、**可能性がもっと弱く**なり、「まぁ、多分降らないだ
ろうとは思うんだけど、でも<u>ひょっとしたら降るかも</u>」となった
ら、might を使います。

◀ ⑴ It <u>might rain</u> tonight.

「わかんないけど、ひょっとしたら雨が降るかも。」

過去形で「現実から離れる」

might は may の過去形から始まった言葉です。人間は過去を、単に「昔」という意味
で考えるだけでなく、「現実から離れている」という意味でもとらえます。「それは過
去の話だから、今の現実とはもう関係ない」という感覚があるわけです。この感覚が
応用されて、may の代わりに might を使うとき、「現実から離れる」＝「現実になる可
能性が下がる」という意味を表します。
この感覚は、このあと出て来る can の過去形 could や will の過去形 would でも重要な
役割を果たすので、覚えておいてくださいね。

日本語文を参考に単語を並べ替え、自然な英文を作りましょう。文頭の単語は大文字で始めましょう。

① 「あなたは、座ってよろしい。」
(a seat：座席)
(have, may, you, a seat).

② 「そちらに座ってもかまわないですよ。」
(a seat, you, have, can) there.

③ 「そのお手紙を拝見してもよろしいですか？」
(the letter, I, may, see)?

④ 「Betty は今夜、来るかもしれない。」
(tonight, Betty, come, may).

⑤ 「Betty はひょっとすると、今夜は来ないかもしれない。」
(might, tonight, not, Betty, come).

「しなければいけない」の表現

must と have to と should

「〜しなければならない」を表す must と have to は、話すときの気持ちが少し違うので注意しましょう。should は「するべき」と訳されますが、実際には「やさしいアドバイス」の感じが出ます。

must は「絶対」

must の根っこの意味は「**絶対**」です。must go なら「絶対行かなきゃ」という**意思**を表すので「行かないといけない」、must be in the office なら「絶対 in the office という状態にある」という**予想**を表すので「オフィスにいるに違いない」です。

「must ＋動詞のすっぴんの形」で「〜しなければいけない」です。

┌ right now:「今すぐ」

🔊 **I must go right now.**

　　「(私は) 今すぐ行かないといけない。」

I must go!

be 動詞のすっぴんの形 be と must を一緒に使うと
「〜であるに違いない」という意味になるのが普通です。

🔊 **He must be in the office.** 「彼はオフィスにいるに違いない。」

right はいろんな意味を持つ

語源辞典によると、right は元々「正しい・まっすぐな」という意味から始まり、人間の多くが右利きなので「正しく力が入る方＝右」→「右」という意味も生まれ、さらに、「正当な権利」から「権利 (rights)」という意味、「正しい＝ずれていない」というところから right now (今すぐ)、right here (ちょうどここ) のような意味も生まれました。

241

have to は「〜しないとしょうがない」

「have to ＋動詞のすっぴんの形」で「〜しなければいけない」です。

◀ﾂ) **I have to go right now.**

「今すぐ行かないといけない。」

日本語に訳すと同じに見えますが、**must** とは根本的に「気持ち」が異なります。

have の根っこの意味は「持っている・抱えている」ということです。**to** は「→」ですから、**have to go** なら「『行く』ということに向かって、『抱えている』」が直訳です。これは「『行く』という事情を抱えているんだ」＝「**行かないとしょうがないんだ**」という雰囲気を出します。

I must go. が「絶対行かなきゃ」という自分の強い意思を表すのに対して、**I have to go.** は「行かなきゃいけない事情があるからしょうがない」と「状況のせいにしている」感じがあります。「状況のせい」にできて、便利なので特に会話ではアメリカ、イギリスを問わず、**must** よりも **have to** の方が多く使われる傾向にあります *。

must に過去形はない

must は元々大昔、ある動詞の過去形でした。ですから **must** には今も過去形の形がありません。「〜しなければいけなかった」は **have to** の過去形である **had to** を使います。

◉ **I had to do** my homework yesterday.「昨日は宿題をしないといけなかったんだよ。」

---

*Longman Grammar of Spoken and Written English より

must not は「～してはいけない」、not have to は「～しなくてもよい」

否定文にすると must と have to の違いがはっきりします。

must not は「絶対に not」ですから、「**～してはいけない**」という意味になります。

◀)) **You** <u>must not come</u> **in.**

「君は、入って来てはいけない。」　禁止

have to の否定文は普通の一般動詞の文と同じく、don't や doesn't を使います。not have to は「～することに向かって、抱えてはいない」=「義務を抱えてはいない」=「**～しなくていい**」という意味を出します。

◀)) **You** <u>don't have to go</u> **there.**

「君はそこに行かなくてもいいんだよ。」　義務からの解放

should は「優しいアドバイス」

「should ＋動詞のすっぴんの形」で「～するべきだ」と訳されますが、実は日本語の「べきだ」のような、きつい感じは should にはありません。実際の感じは「**～したほうがいい**」です。

◀)) **You** <u>should go</u> **to the doctor.**

「(君は) お医者さんに行った方がいいよ。」

日本語文を参考に単語を並べ替え、自然な英文を作りましょう。文頭の単語は
大文字で始めましょう。

① 「Andy、あなたは私の話をちゃんと聞かなきゃ絶対にダメ！」
   Andy, (to, must, listen, you, me)!

② 「私は昨日宿題を終わらせなくてもよかったんです。」
   (終わらせる：finish)
   (to, didn't, my homework, I, finish, have) yesterday.

③ 「あなたはその本を買わないといけないのですか？」
   (have, do, buy, you, to) the book?

④ 「君は Beth と話をした方がいいな。」
   (with, you, talk, should) Beth.

⑤ 「あなたはそこに 1 人で行かない方がいい。」
   (1人で：alone)
   (go, you, there, shouldn't) alone.

「これから」を考える表現

will と be going to が表す気持ち

これから先の話をするとき、英語では will と be going to という2種類の表現を使います。これら2つの表現は少し違うイメージで「これから」のことを表します。

will は「未来」というよりは「意思」と「予想」

「will ＋動詞のすっぴんの形」はいろいろな意味を出しますが、大きく分けると「**意思（〜するつもりだ）**」と「**予想（〜だろう）**」の2つが主要な意味です。

根っこのイメージは「心がパタンと傾いて、心が決まる」ということです。

① 意思（〜するつもりだ）

「これから何をするか」ということに関して**心がパタンと傾いて「よし、〜しよう」となるのが「意思」**です。主語が I や we のときに多く現れます。自分の意思は自分にはわかるからです。

◀») **"Oh, I will get it. "** （電話が鳴って）「あ、私が取ります。」

「私が電話を取るつもりだ」という意思を表します。it は目の前の「電話」を指します。

「これから先の状況や出来事」に関して**心がパタンと傾いて「〜だろうな」と判断することが「予想」**です。自分以外が主語になることが多いです。他人の意思は自分にはわかりませんし、他人の行動は予想することしかできないので「〜だろう」となります。

🔊 **He will not come to the meeting.**

　　　「彼は会議には来ないだろう。」

---

will の 「〜だろう」 と may の 「〜かもしれない」 の違い

will はしっかりと心が傾くので、自分の判断に対する確信の気持ちが強いですが、may は「わからないけど」という気持ちが潜んでいるので、心はぐらぐら揺れっぱなしです。

It will rain tonight.　「今夜は雨だろう。（きっとそうなると思う）」
It may rain tonight.　「今夜は雨かも。（わからないけど）」

246

be going to：状況はそこに向かって進んでいるところ

未来を表す表現として、特に話し言葉で「be going to ＋動詞のすっぴんの形」はとてもよく使われます。

July：7月

🔊 **We are going to visit Kyoto in July.**

「私たちは 7 月に京都を訪れるんだ。」

上の例文の直訳は「7 月に京都を訪れることに向かって、私たちは進んでいるところだ」ということです。

「be 動詞＋〜 ing」の形は「**進行形**」と呼ばれます。進行形は第 30 項で詳しく説明しましたが、「動作をしている最中にある」という意味を表します。ですから be going to ＋動詞のすっぴん形は「〜することに向かっている最中だ」ということです。

be going to の疑問文は be 動詞を文頭に出します。

🔊 **Is he going to see Mary tomorrow?**

「彼は明日、Mary に会うの？」

（直訳：彼は「明日 Mary に会う」というところに向かっているの？）

否定文では be 動詞に not をつけます。

🔊 **I'm not going to give him the book.**

「私は彼にその本をあげたりはしないよ。」

（直訳：私は「彼に本をあげる」というところには向かっていない）

will の「するつもりだ」という意思や「するだろう」という予想は、話している人がその場で「そうしよう」とか「そうなるだろう」というふうに心がパタンと傾くことを表します。別の言い方をすれば「**今そう思った**」という感じです。

一方で be going to は「すでに今、向かっている最中だ」ということですから、will に比べると「**すでに出来事は動いていて、確実にそうなる**」という感じが強くなるときがあります。以下の会話を見てみましょう。

🔊 "I **will wait for Kate.**"

「Kate のこと、待つことにするよ。」

（「よし、待とう」と今決心した感じ）

🔊
── ① "But Kate **isn't going to come** to the party."

「だけど Kate はパーティには来ないよ。」

（事態はすでに、「Kate はパーティに来ない」ということに向かって動いている最中。もう決まっていること、という感じ）

── ② "But Kate **will not come** to the party."

「だけど Kate はパーティには来ないでしょうよ。」　（今私はそう判断・予想した、という感じ）

練習問題 42

日本語文を参考にして単語を並べ替え、自然な英文を作りましょう。文頭に来る単語は大文字で始めましょう。

① 「明日は暑くなるだろうなぁ。」
(will, hot, it, be) tomorrow.

② 「もうすぐ雨になるぞ。」
（もうすぐ：soon）
(going, rain, it's, to) soon.

③ 「私はそのことを彼に言うつもりはありません。」
（won'tはwill notの短縮形です）
(that, won't, him, I, tell).

④ 「彼は来月来るのですか？」
（来月：next month）
(come, going, is, he, to) next month?

⑤ 「いつ彼は来るのでしょうか？」
(will, come, when, he)?

助動詞は「ていねいさ」の根っこ

Would you ～ ? よりも Could you ～ ? の方がなぜていねい?

すでにいくつか、人に何かしてもらうようにお願いしたり、あるいは自分が何かをしても構わないかどうかをたずねる表現を見て来ました。ここでは will と can を使った表現の、ていねいさの違いを見ていきます。

Will you ～ ? と Can you ～ ? · Would you ～ ? と Could you ～ ?

will の基本的な意味は「～するつもりだ」という意思と、「～だろう」という予想の2つです。

Will you ～ ? という表現は「あなたは～するつもりはありますか」とたずねることで、「～してもらいたい」という気持ちを相手に伝える表現です。

🔊 **Will you come with me?**

「私と一緒に来てもらえますか?」

👉 直訳すると、「私と一緒に来るつもりはありますか?
（あるのなら来てほしいのだけど）」

can は「できる」という意味で、そこから can swim（泳げる）や can drive（車の運転ができる）といった「何かをする能力がある」という意味と、can talk with you now（今ならあなたと話せる）のように「状況的にやっても構わない」という意味が出ます（第39項参照）。

Can you ～?とたずねることで「あなたは状況的に～することは可能ですか」と意味になり、**相手にお願いをする**ことができます。

◀)) <u>Can you</u> <u>wait for</u> me?

> 「私のことを待ってもらえますか?」

> 👉「wait for 人」で「人のことを待つ」。waitは「待つ」、forは「～のために」。「wait for 人」の直訳は「(人)のために、動かずにそこにいる」。

過去形が「ていねい」を表す?

will を would に、can を could に変えると、よりていねいになります。

なぜでしょうか?

敬意というのは「距離を取る」ことで表されます。初対面の人にベタベタと近づけば「馴れ馴れしい」と、失礼に思われますよね。would と could はそれぞれ、will と can の過去形です。過去は「今現在(=現実)」から離れた時間です(第40項参照)。

この**「離れた」感じを「相手への敬意」を表すために応用したのが Would you ～?や Could you ～?という表現です**。

もっとていねいにしたい場合、you の後ろに please をはさんで、以下のようにします。

◀)) <u>Would you please</u> come with me?

> 「すみませんが、私と一緒にいらしていただけませんか?」

251

ハ…ハイ

Could you please

距離

🔊 Could you please **wait** for me?

「すみませんが、お待ちいただけませんでしょうか?」

Would you/Will you よりも、Could you/Can you の方がていねいな理由

英語には一貫して、「相手の意思に立ち入るのは失礼」という気持ちがあります。

「相手の意思に立ち入る」ということ

例えば「あなたはなぜここに来たの?」とたずねるとき、Why did you come here? の他に、What brings you here? という言い方があります。bring は「持って来る」という意味で、直訳すると「何があなたをここに持って来ているの?」という意味です。
これも why did you よりも what brings you… の方がていねいに響きます。
「なぜなの?」を問う why は、場合によっては「あなたどういうつもりなの?」というふうに相手の意思をたずねる響きがあり、キツく感じるときがあります。What brings you … だと、「何が(what)」、つまり「どんな状況が」あなたをそうさせたのか、という話になり、相手の意思に立ち入らずに済みます。「状況のせいでしかたなく来た」感じがしますね。have to が must より柔らかく響くのと同じ感覚です(第41項参照)。

Will you ～?や Would you ～?は「あなたに～するつもりはありますか?」という、意思をたずねる表現なので、少し馴れ馴れしく響き、親しい間柄で使うことが多いです。

Can you ～?と Could you ～?は「状況的に可能ですか?」ということなので、相手の意思に立ち入らない分、もう少していねいに聞こえるのです。

初対面の相手には Can you ～? Could you ～? を使うことをオススメします。

日本語文を参考に単語を並べ替え、自然な英文を作りましょう。文頭の単語は大文字で始めましょう。

① 「そこの砂糖を取ってもらえる？」
(pass：取って回す)
(pass, the sugar, you, me, will)?

② 「例を1つあげてもらえますか？」
(example：例)
(give, an example, can, me, you)?

③ 「どうか我々に力を貸していただけないでしょうか？」
(you please, help, could, us)?

④ 「なぜなのか、私たちに説明してもらえますか？」
(説明する：explain)
(explain, would, why, you)?

⑤ 「私のためにそれをやってもらえませんか？」
(do, can, for, you, it) me?

スゴい！気持ちを文で表す

how と what の感嘆文！

何かに触れて「すっげぇ！」「どんだけよ、コレ！」という気持ちは、「なんて〜なんだ！」という「感嘆文（かんたんぶん）」で伝えます。感動する気持ちを強調して伝える文の型だと考えると、使いやすいでしょう。

感嘆文には、how を使う場合と what を使う場合の2通りがあります。感嘆文は語順を覚えるのが大変、というイメージがあるのですが、英語の語順の原則である「**言いたいことから先に言う**」という感覚がわかれば簡単に理解できます。

how を使う場合

第37項の how の疑問文の作り方と同じように「how は very の生まれ変わり」と考えると、how の感嘆文の語順は簡単に理解できます。

例えば She is very beautiful.（彼女はとても美しい。）をもっと強調して感嘆文にする場合…

She is very beautiful. → She is how beautiful.
とても美しい　　　　　　　　なんて美しい

◀)) **How beautiful she is**_____！ 感嘆文

一番言いたいことを先に言う

「彼女はなんて美しいんだ！」

how はもともと「どんなふう」かをたずねる疑問詞なので、
感嘆文では「どんだけ美しいの！」＝「なんて美しいの！」という意味で使われます。

　　how beautiful が一番言いたいことなので、会話ではその後の she is が省略され、
How beautiful!（なんて美しいの!）だけの形でもよく使われます。

how がつく感嘆文と、疑問文との違い

　　疑問文との違いは、主語と動詞の順番です。疑問文では動詞が先で、主語が後です。

Is she <u>very beautiful</u>?　→　Is she <u>how beautiful</u>?
　　　　　とても美しい?　　　　　　　　　どんなふうに美しい?

◀)) **How beautiful is she**　　　　　　　? 疑問文

　　　　「彼女はどのくらい美しいのですか?」

what を使う場合

　　what は元々「何」、つまり「ものの名前（名詞）」をたずねる言葉です。ですか
ら what の感嘆文では beautiful のような様子を表す言葉だけでなく、その後に名詞
が必ずくっつきます。

　　She is <u>a very beautiful girl</u>.　「彼女はとても美しい女の子だ」
　　　　　　　　　　　名詞

次に how の感嘆文と同様、very を what に変えます。

　　She is <u>a what beautiful girl</u>.

強調したい部分である a what beautiful girl を文頭に出します。

　　<u>A what beautiful girl</u> she is＿＿＿＿＿!

a what beautiful girl の中で一番強調したいのは what なので、what が文頭に出
て完成です。

◀)) **What a　　beautiful girl she is !**

「彼女はなんて美しい女の子なんだ！」 感嘆文

what a beautiful girl が一番言いたいことなので she is が省略され、What a beautiful girl!（なんて美しい女の子なんだ！）だけの形が会話でよく見られます。

また、what はすでに述べたように名詞と仲がいいので「**What ＋名詞！**」だけで「**なんて（名詞）なんだ！**」となることもよくあります。

◀)) **What a man!** 「なんて男だ！」

◀)) **What a day!** 「なんて日だ！」

以上、語順の成り立ちを説明しました。「いちいちこんなこと考えながら話すの？」と思うでしょうが、もちろん、いちいち考えません。慣れれば考えずにぱっと出て来ます。ただ、「最短で効率よく慣れる」ためには、最初はこうした理屈を知って頭を整理することが大切です。

how と what の使い分け

様子を強調して「なんて（様子）なんだ！」となると how、名詞を強調して「なんて～な（名詞）なんだ！」となると what です。

「彼はなんて**親切**なんだ！」 → How **kind** he is!
　　様子　　　　名詞　　　　　様子　　　　名詞
「彼はなんて**親切な男**なんだ！」 → What a **kind man** he is!

256

日本語文を参考にして単語を並べ替え、自然な英文を作りましょう。選択肢の中のwhatかhowのどちらか1つが不要です。文頭に来る単語は大文字で始めましょう。

① 「こいつはなんて大きなキノコなんだ。」
(キノコ:mushroom)
(mushroom, what, this, how, a big) is!

② 「あの車は、なんて速く走るんだ！」
(fast, runs, how, what, that car)!

③ 「なんてすばらしいアイディアなんだ！」
(すばらしい:great　アイディア:idea)
(a, idea, how, what, great)!

④ 「なんてかっこいいんだ！」
(かっこいい:cool)
(cool, how, what)!

⑤ 「なんて1週間だ！」
(1週間:a week)
(a, how, what, week)!

命令文と let's の文

命令文

主語がなく動詞のすっぴんの形

Open the window.

let's の文

「let's＋動詞のすっぴんの形〜」で
「私たち一緒に〜しましょう」

Let's dance.

「できる」「してほしい」を言う

can

〜することができる

He can run fast

状況的に可能だ

You can go now.

「〜かもしれないね、わからないけど」

may

▽

might

「しなければいけない」の表現

I must go!

must は
「絶対」

have to は
「〜しないと
しょうがない」

have to

「これから」を考える表現

will

よし、しよう！
〜だろう

be going to

〜するところに
向かっている

助動詞は「ていねいさ」の根っこ

過去形はさらに
「ていねい」

距離

Would you please

ハ…ハイ

距離

Could you
please

スゴい！気持ちを文で表す

How
beautiful!

what
a man…

chapter9

不定詞と動名詞の違いを知る

不定詞って何？

不定詞の「根っこの意味」と名詞的用法と仮主語

「to+ 動詞のすっぴんの形（＝原形）」が「〜すること」や「〜するために」や「〜するべき○○」などいろいろな意味を表します。一見ややこしそうですが、根っこの意味は1つです。

不定詞：to ＋動詞のすっぴんの形

基本的に英語の文は「1つの文に1つの動詞」が原則です。さらに補助的に動詞をつけたい場合、**「to ＋動詞のすっぴんの形」の形にして文に組み込む**ことがあります。これを不定詞と呼びます。不定詞には下のように3つの使い方がありますが、根っこの意味はどれも**「〜することに向かって」**だと考えるといいです。

◀)) **It's good to〔see you〕.** 名詞的用法
状況は嬉しい → あなたに会うこと
何することに向かって嬉しい？

「お会いできてうれしいです。」

anything：「どの1つのものを取ってみても」

◀)) **He doesn't have anything to〔eat〕.** 形容詞的用法
彼は持っていない　何1つ → 食べる
何することに向かうものを何1つ？

「彼は何も食べるものがない。」

◀)) **I went to〔see the doctor〕.** 副詞的用法
私は行った → 医者に会う
何することに向かって行った？

「私は医者に行った。」

不定詞の名詞的用法

　　不定詞を名詞と同じように使うのが名詞的用法です。そう言ってもわかりにくいと思いますので、こう考えてください。

> 代名詞 it で置き換えてもその英文が自然なら名詞的用法

　　代名詞 it で置き換えてもその英文が自然だということは、その不定詞のかたまりは名詞と同じ働きをしているということです。

◀))
　　名詞
I want **it.**　　　　　　　　　「私はそれがほしい。」
I want **to eat the peach.** 「私はその桃が食べたい。」
　　　　　　　　　　　　　peach：「桃」
　　名詞的用法
何することに向かいたい？

I want
to eat the peach
"it"
食べちゃうの…

重要な　　　こと・もの 名詞
The important thing is **it.** 「大事なことは、それだ。」

◀))
enjoy：「楽しむ」　　　trip：「旅行」
The important thing is **to enjoy the trip.** 名詞的用法
何することに向かうこと？

「大事なことは、その旅を楽しむことだ。」

261

不定詞を使った仮主語構文

it を主語にするパターンが、よく使われます。

🔊 **It's good <u>to see you</u>.** 「お会いできてうれしいです。」

仮主語it　　　　仮主語itの中身を表す不定詞のかたまり

英語の語順の2大原則のうちの1つをおさらいしましょう。

> ・軽い情報が先、重い情報は後

キャッチボールでいきなり速くて重いボールを投げつけるより、最初は軽くて簡単なボールを投げた方が、相手は受け取りやすいですよね。

言葉のやり取りもそれと同じです。

it は「状況」という意味で使われています。It's good で「状況はいいです」。シンプルな情報ですね。そして、「状況」の詳しい中身は、後から相手に渡します。それが to see you（あなたに会えること）です。

to は「→」が根っこの意味ですが、不定詞では
この「→」が①「**これから〜することに向かう**」と、
②「**〜することにたどり着く**」という2つの意味で使
われます。ここでは②の意味で使われていて、「あな
たに会う、ということにたどり着いて」ということを表
しています。

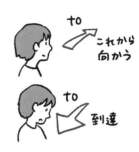

この文全体の直訳的なニュアンスは「いいですよ、あなたに会えて。」といった感
じです。

to see you は代名詞 it の「詳しい中身の情報」ですから、名詞的用法だと言えます。

不定詞のかたまりの基本的な位置

必ずそうだ、とは言えませんが、不定詞のかたまりは文の後ろの方に来る傾向があり
ます。なぜなら、不定詞は普通の動詞だけでは言い足りないことを、さらに追加して
説明するために使う一種の「補助の動詞」だからです。
英語の語順の原則では「重い情報は後」ですから、「詳しい具体的な説明」や「補助の説明」
は後の方にやって来ます。

日本語文を参考にして単語を並べ替え、自然な英文を作りましょう。文頭に来る単語は大文字で始めましょう。

① 「私たちは John と話をする必要があります。」
(need to + 動詞のすっぴんの形：〜する必要がある)

We (to, with, need, talk) John.

② 「彼女は私を手伝おうとしているのです。」
(try to + 動詞のすっぴんの形：〜しようとする)

(is, to, she, me, trying, help).

③ 「私はコーヒーが飲みたいです。」
(want to + 動詞のすっぴんの形：〜したい)

(drink, I, to, coffee, want).

④ 「この川で泳ぐのは危険です。」
(dangerous：危険な)

It (to, in, dangerous, swim, is) this river.

⑤ 「これを理解するのが重要です。」
(important：重要な　understand：理解する)

(is, to, important, it, understand) this.

「使い道」を説明する

不定詞の形容詞的用法

この項では名詞の様子を説明する不定詞を勉強します。
この不定詞の使い方を形容詞的用法と呼びます。

形容詞というのは名詞の様子を説明します（第37項参照）。例えば「机」は物の名前を表す名詞ですが、その「机」がどんな机なのかを説明する「大きな（机）」「新しい（机）」などは形容詞です。

不定詞にも名詞の様子を説明するための使い方があります。これを不定詞の形容詞的用法と呼びます。特徴的なのは、不定詞の形容詞的用法はほとんどの場合、**名詞の「使い道」を説明する**ということです。下の例文なら「家の使い道＝住む」「物の使い道＝飲む」ということです。

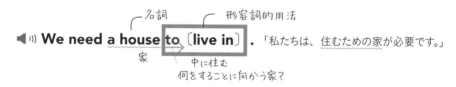

◀)) **We need a house to 〔live in〕.** 「私たちは、住むための家が必要です。」

名詞 / 家
形容詞的用法
中に住む
何をすることに向かう家？

◀)) **Can I have something to 〔drink〕 ?** 「何か飲む物をもらえますか。」

名詞
何か適当な物
飲む
何をすることに向かう物？

　作り方ですが、英語の語順の2大原則の1つ、「言いたいことから先に言う」にしたがって、**主役の名詞が前に出て来る**と考えます。

「家に住む」（live in a house）なら「住む」（live）という動詞が主役の情報ですが、「住むための家」なら、「家」という名詞が主役の情報になりますから、live in a house の a house が前に出て、a house to live in となります。「何かを飲む」を意味する drink something も、「何か飲むための物」となれば、「物」を意味する something が主役になるので、something to drink となります。

　ただし、いつもこのように語順が「ひっくり返る」わけではありません。

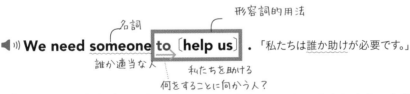

◀)) **We need someone to [help us] .** 「私たちは誰か助けが必要です。」

「誰かが私たちを助ける」は Someone helps us. という文になり、主語である someone が先頭にありますが、「私たちを助けてくれる誰か」と言うときでもやはり、「誰か」を意味する someone が主役なので、someone が先に来ることになり、someone to help us となります。要するに「言いたいことから先に言う」という原則に従えばいいのです。

前置詞を忘れずに

　不定詞の形容詞的用法では「前置詞＋名詞」の、「名詞」の部分だけが前に出て来る場合がよくあるので、前置詞を意識してつけ忘れないようにしましょう。

　ここでは with を紹介します。

　with は基本的には「**一緒に**」という意味です。

🔊 **Come with me.**

　　「私と一緒に来て。」

　ここから、with は「持っている（＝ have）」という意味を出します。

例えば私がカバンとずっと一緒にいれば、人はそのカバンを私の持ち物だと考えるはずです。そういうわけで with は「持っている・身につけている」という意味を持つようになりました。

🔊 **I saw a girl with long hair.**　　「私は髪の長い女の子を見かけた。」

　ここからさらに、「with ＋ 道具」（**道具を使って**）という意味が出てきます。道具を「手に持って」何かをする、ということに with が使われるわけです。

┌ wrote は write（書く）の過去形

🔊 **He wrote the letter with a pen.**

　　「彼はペンでその手紙を書いた。」

この知識を利用して、以下のような文を作ることができます。

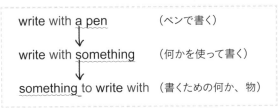

write with a pen　　　（ペンで書く）

write with something　（何かを使って書く）

something to write with （書くための何か、物）

look for A：「Aを探す」　直訳はAを求めて(for)目線を動かす(look)

◀)) I'm looking for something to write with .

何か適当な物　　　手に持って書く
　　　　　　　　　　何することに向かう物？

「私は（ペンのような）書く物を探しています。」

with の代わりに on を使ってみましょう。

◀)) He wrote it on the paper. 「彼はその紙の上に、それを書いた。」

◀)) I'm looking for something to write on .

何か適当な物　　　その上に書く
　　　　　　　　　何することに向かう物？

「私は（紙のような）書く物を探しています。」

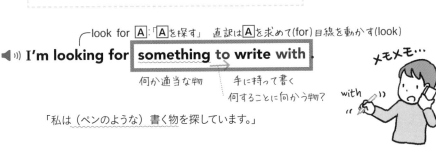

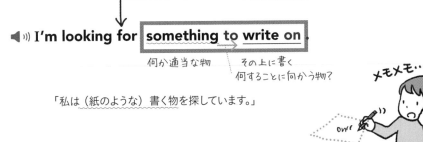

練習問題 46

日本語文を参考に単語を並べ替え、自然な英文を作りましょう。文頭に来る単語は大文字で始めましょう。

① 「ごめんなさい。私、やることがあるの。」
（ものごと：things）
I'm sorry. (have, to, I, things) do .

② 「寝る時間ですよ。」
（寝る・床につく: go to bed）
It's (to, to, go, time, bed).

③ 「私たちには彼のことを信じる理由があります。」
（理由：reason　信じる：believe）
We (reason, believe, have, to) him.

④ 「私は何か書く物（ペンなど）が必要です。」
(need, something, with, to, I, write).

⑤ 「私は何か書く物（紙など）が必要です。」
(something, on, to, I, write, need).

動作の理由や目的を説明する

不定詞の副詞的用法

> 副詞というのは主に動作の様子を説明します（第37項参照）。例えば「走る」という動作の、どう走るのかを説明する「速く（走る）」とか「友達と（走る）」といった言葉は副詞です。

不定詞にも動作や「be 動詞＋形容詞」の様子を説明する用法があり、それを副詞的用法と呼びます。副詞的用法にはいろいろな意味があって、大変そうに見えますが、to は「→」という意味なので、要するに①「〜することに向かって」か②「〜することにたどり着いて」のどちらかだ、と考えると、理解できますので心配無用です。

動作の目的を表す

副詞的用法の中で最もよく使われる用法です。ここでは to は「これから〜することに向かう」イメージを表します。

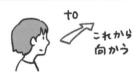

to
これから向かう

副詞的用法
grocery store：「スーパーマーケット」

◀》 I went to the grocery store to 〔buy food〕.

スーパーに行った　　　　　　　　食べ物を買う
　　　何することに向かって「行った」？

「私は食べ物を買いに、スーパーへ行った。」

🏴 wentという動作の目的をto buy foodが説明

buy food

to

感情の原因を表す

その感情が起きた原因を説明します。to は「〜すること
にたどり着いて」というイメージを表します。

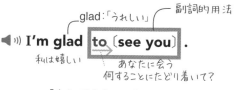

glad:「うれしい」 ── 副詞的用法

◀)) I'm glad [to 〔see you〕].

私は嬉しい ── あなたに会う
何することにたどり着いて?

「会えてうれしいです。」

☞ be glad という感情の原因を to see you が説明

to
到達

see you

I'm glad

to

I'm glad to see you. と It's good to see you.

すでに It's good to see you.「会えて嬉しいです」というのを名詞的用法のところで紹介しました。I'm glad to see you. と同じような文なのに、なぜ It's good to see you. の to see you は名詞的用法なのか確認しておきます。

It's good to see you. は To see you is good.（あなたに会うことはいいことだ）とも言い換えられます。しかし、英語は「軽い情報が先、重い情報は後」という語順の原則があるので to see you という具体的で重い情報を後に回し、先頭を It's good という軽い情報にしています（第45項参照）。代名詞 it の具体的な中身の情報が to see you なので、この場合の to see you は名詞と同じ働きをしていることがわかります。

一方 I'm glad to see you. で to see you は、「仮主語 it の具体的な中身」というわけではありません。「（私が）嬉しいという気持ちになっている（be glad）」ことの原因を説明しています。動詞の様子を説明するのが副詞的用法ですから、「be 動詞 + 形容詞」の原因を説明しているこの to see you は副詞的用法です。

271

動作の結果を表す

ある動作をした結果、「to 不定詞の状態」になることを表します。to は「〜することにたどり着く」というイメージを表します。

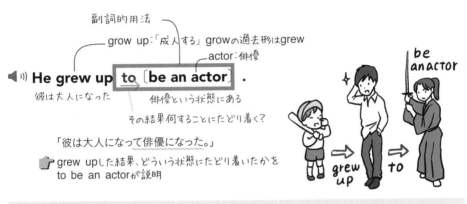

副詞的用法

grow up：「成人する」growの過去形はgrew

actor：俳優

He grew up to 〔be an actor〕.

彼は大人になった　　　　　俳優という状態にある

その結果何することにたどり着く？

「彼は大人になって俳優になった。」

☞ grew upした結果、どういう状態にたどり着いたかを to be an actorが説明

判断の根拠を表す

文の前半で判断を行い、その判断の根拠を後に続く不定詞で説明します。

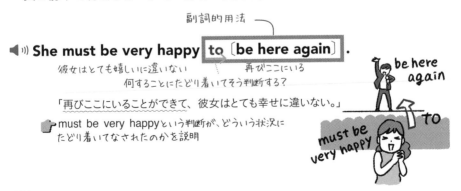

副詞的用法

She must be very happy to 〔be here again〕.

彼女はとても嬉しいに違いない　　　　再びここにいる

何することにたどり着いてそう判断する？

「再びここにいることができて、彼女はとても幸せに違いない。」

☞ must be very happyという判断が、どういう状況にたどり着いてなされたのかを説明

272

日本語文に合わせて単語を並べ替え、自然な英文を作りましょう。文頭に来る
単語は大文字で始めましょう。

① 「私は子どもたちに朝食を作るために早く起きます。」
（早く：early　朝食：breakfast）

(early, I, breakfast, make, get up, to) for my children.

② 「私はあなたを助けるためにここにいるのよ。」

I'm (help, to, here, you).

③ （テレビ番組などで司会者がゲストに）
「あなたを（番組に）お迎えできて、嬉しく思います。」

(to, have, we're, you, happy).

④ 「私の祖母は 90 歳まで生きた。」
（祖母：grandmother　〜歳：〜 years old）

My (to, 90, lived, grandmother, be) years old.

⑤ 「そんなことを言うなんて、彼はどうかしているに決まっている。」
（そんなこと：such a thing　どうかしている：crazy）

(crazy, such a, he, be, to, say, must) thing.

不定詞のいろいろな表現

意味上の主語、too ～ to 構文など

不定詞を使った、熟語のような表現がいろいろあります。今回紹介するのは、いずれもこれから英語を学習していく中で、必ず使うものばかりです。

不定詞の意味上の主語 :「for 人 to 不定詞」

以下の2つの文を比べてみてください。

It is important to understand this.

「これを理解しておくことは重要です。」

important!

It is important for him to understand this.

「彼がこれを理解しておくことは重要です。」

for him

important!

　上の文では「誰にとってみても一般的に、これを理解することは重要だ」、下の文は「他の人たちではなく、彼がこれを理解することが重要だ」と言っています。

　このように、「誰がその不定詞の動作（ここでは to understand this）をするのか」をはっきり特定させておきたいとき、「for ＋囚」の形を使います。これを「**不定詞の意味上の主語**」と呼びます。for him to understand this の直訳は「彼にとって、これを理解すること」ですが、意味上の主語なので、「彼がこれを理解すること」と訳されるのが普通です。

too ～ to 構文と enough ～ to 構文

　too は「**～すぎてダメ・失格**」というイメージを持ち、enough は「**十分合格**」というイメージを持つ言葉です。

◀ ᳁ **This tea is　too hot to 〔drink〕.**　　「このお茶は熱すぎて飲めません。」

　　このお茶は熱すぎてダメ　　飲む
　　　　　　　　何することに向かって熱すぎてダメ？

☞ 直訳は「このお茶は飲むのには熱すぎる」ですが、too の「ダメ・失格」という「否定的なイメージ」から、「（熱すぎて）飲めません」という否定の日本語訳が出てきます。

too hot

◀)) He had <u>enough money to</u> 〔buy the car〕.

彼は<u>十分な</u>お金を持っていた　　　　　その車を買う

何することに向かって十分なお金を持っていた？

「彼は<u>その車を買えるだけの</u>十分なお金を持っていました。」

「tell 人 to 不定詞」と「ask 人 to 不定詞」

「tell 人 to 不定詞」なら「人 に～するように言う」という**命令**のイメージ、「ask 人 to 不定詞」なら「人 に～するようお願いする」という**ていねいな依頼**のイメージです。

命令や依頼は「今やっていないことを、これからやってね」と言うことですから、「これから～することに向かう」という意味を表す to 不定詞を使います。

tell も ask も「渡す」イメージを持つ第4文型を使っています。命令や依頼を人に渡しているイメージです。

第1目的語　　第2目的語

◀)) She told me to 〔clean the room〕.

彼女は私に言った　　　　その部屋を掃除する

何することに向かうように言った？

「彼女は私にその部屋を掃除するよう言いました。」

276

「私は彼女にうちに来てくれるよう頼みました。」

「疑問詞＋ to 不定詞」

「疑問詞＋ to 不定詞」で「（疑問詞）**すべきか**」という意味を出します。これはとても便利な表現でよく使います。全体で名詞のかたまりを作るので、主に目的語によく使われます。

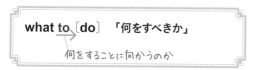

◀») **I don't know what to do.** 「何をしたらいいのかわかりません。」

◀») **He will tell you when to start.**

「いつ出発すればいいかは、彼があなたに教えてくれるでしょう。」

> **where to〔go〕**　「どこへ行くべきか」
>
> どこへ行くことに向かうのか

◀)) **Do you know <u>where to go</u>?**

「<u>どこへ行ったらいいか</u>、あなたは知っていますか?」

> **how to〔do it〕**「どうそれをやるべきか」　→実際には「それのやり方」と訳します
>
> どんなふうにそれをすることへ向かうのか

◀)) **I'll show you <u>how to do it</u>.**

「<u>そのやり方</u>を見せてあげますね。」

> I'll は
> I willの短縮形です

278

日本語文を参考に単語を並べ替え、自然な英文を作りましょう。文頭に来る単語は大文字で始めましょう。

① 「子どもがこの川で泳ぐのは危険です。」
（危険：dangerous　子ども：children　川：river）

It (for, dangerous, children, swim, is, to) in this river.

② 「今日は外に出るには暑すぎます。」

It's (too, to, go, hot, out) today.

③ 「私たちは準備をする時間が十分にはありません。」
（準備をする：prepare）

We (time, to, don't, enough, have) prepare.

④ 「私は Keiko に、彼女のカメラを持って来るように言った。」
（持って来る：bring）

I (bring, told, her camera, Keiko, to) .

⑤ 「そのやり方を（あなたが）私に教えてくれませんか？」

Could (me, how, you, tell, to do) it?

不定詞の名詞的用法と似ていて、混乱しやすい表現に「動名詞」というのがあります。~ing を使って「〜すること」という意味を表します。どんなイメージを持つ表現なのでしょうか。

　　動名詞とは、「〜する」という動詞を、**~ing を使って「〜すること」**というふうに名詞的に使う表現です。動詞を名詞化させるので動名詞と呼ばれます。

━━**I play tennis.** 「私はテニスをします。」（play は動詞）

━━**Playing tennis is fun.** 「テニスをするのは楽しいです。」

（playing は動名詞）

~ing のイメージ

　~ing が表す「〜すること」って、どんなイメージなのでしょう？

　~ing は進行形でも説明した通り、「動作をしている最中・途中」を意味します。playing tennis なら「テニスをしている最中の映像」を思い浮かべながら「テニスをすることって……」と言う感じです。

fun!

　ですから Playing tennis is fun. なら、テニスをしている最中の様子を思い浮かべながら「テニスをするのって楽しいよね」と言っているかんじです。

to 不定詞の名詞的用法のイメージ

例えば Playing tennis is fun. を To play tennis is fun. と言ってもほぼ同じ意味です。ただ、to は「→」の意味が基本なので、<u>to</u> play tennis だと「テニスをするのに向かうことは」というイメージが少しあります。

このイメージの差がはっきりと使い方に現れるときもあるのですが、それは次の項で詳しく説明しますね。

動名詞はどんなところに使えるの？

名詞を置く場所に使うことができます。文の中の主語、目的語、補語、前置詞の後ろなどが主な場所です。

主語や補語の位置に

◀))

― **This is it.** 「これは、それだ。」
　主語　　　　補語
― **Seeing is believing.**

「見ることは、信じることだ。」＝「百聞は一見にしかず。」（ことわざ）

目的語の位置に

◀))

― enjoy：楽しむ
― **I enjoyed it.** 「私はそれを楽しみました。」
　　　　　目的語
― **I enjoyed singing.** 「私は歌うのを楽しみました。」

281

```
┌─ I like it.    「私はそれが好きです。」
│        └─── 目的語
◀))
└─ I like swimming.    「私は泳ぐのが好きです。」
```

前置詞の後ろに

```
┌─ Thank you for the present. 「プレゼントありがとう。」
│          └─ 前置詞＋名詞/動名詞
◀))
└─ Thank you for coming.    「来てくれてありがとう。」
```

進行形との区別

be 動詞＋〜 ing の形が、進行形を表している場合と、動名詞を表している場合があるので、区別できるようにしましょう。

これは、訳してみるとすぐわかります。「〜している」と訳す方が自然か、「〜することだ」と訳す方が自然かで区別できます。

```
┌─ He is reading a book.
│    「彼は本を読んでいるところです。」 ＞ 進行形 ＞
◀))  「彼は、本を読むことだ」だと不自然です。
│
└─ The important thing is reading books.
     「大事なのは本を読むことだ。」   動名詞
     「大事なことが本を読んでいる。」だと不自然です。
```

282

日本語文を参考に単語を並べ替え、自然な英文を作りましょう。文頭の単語は大文字で始めましょう。

① 「早起きは健康にいい。」
（早い時間に：early　あなたの健康のために：for your health）
(good, getting up, is, early) for your health.

② 「私は映画を見るのが好きです。」
(like, watching, I, movies).

③ 「私たちはお話をして楽しく過ごしました。」
(talking, we, enjoyed).

④ 「私は5年前にバスケを始めました。」
（バスケットボール：basketball）
I (playing, started, basketball) 5 years ago.

⑤ 「彼女は突然泣き始めました。」
（始める：begin、過去形はbegan　声をあげて泣く：cry　突然：suddenly）
(began, she, crying) suddenly.

MEGAFEPS をぶっとばせ

例えば「行きたい」と言うのに want to go とは言っても want going とは言いません。「掃除を終わらせる」と言うのに finish cleaning とは言っても finish to clean とは言いません。なぜでしょうか。そしてこういうのは丸暗記しないといけないのでしょうか。

ある特定の動詞の目的語には不定詞が来るとか、動名詞が来るとかが決まっています。以下にその一部を例として挙げます。

目的語に to 不定詞が来る動詞の例

want「〜したい」、hope「希望する」、decide「決定する」、
expect「（状況の流れからこうなるだろうと）予想する」、promise「約束する」

目的語に動名詞が来る動詞の例

enjoy「楽しむ」、give up「（あきらめて）やめる」、avoid「避ける」、
finish「終わらせる」、mind「気にする・嫌だと思う」

なぜこんな使い分けがあるのかには、きちんとした理由があります。

意味もわからず使い分けを丸暗記するより、その理由を理解し、理屈をわかった上で使い分けを覚える方が効率的ですし、他の動詞にも応用が効きます。

to 不定詞は「これからやる」

ここでは、不定詞が目的語にやって来る動詞について解説していきます。

不定詞が目的語につく動詞はふつう、「**実際にやるのはこれから**」という意味を持ちます。

◀)) want 「ほしい」

I <u>want</u> to eat something. 「私は何か食べたい。」

今は食べたいと思っているだけで、実際に食べるのはこれからの話です。to は「→」という意味なので、「to ＋動詞のすっぴんの形」は「～することにこれから向かう」ということなのです。だから I want to eat something. なら「これから何かを食べることに向かいたい」というのが直訳ですね。

◀)) hope 「希望する」

I <u>hope</u> to see you soon. 「早くあなたに会えるといいなと思っています。」

今は会いたいと思っているだけで、会うのはこれからです。

◀)) decide 「決める」

We <u>decided</u> to go to Europe. 「私たちはヨーロッパに行くことにした。」

そのときは行くと決めただけで、行くのはそこから先の話ですね。

We <u>expected</u> to see many people there.

「私たちはそこで多くの人を目にすることになるだろうと考えた。」

expect は「期待する」と訳されることが多いのですが、実際には「今の状況から見て、この先はきっとこうなるだろう」と「予想する」のが expect の意味です。

We expected to see many people there. では、そのときは「予想」しているだけで、実際に多くの人を目にするのはこれから先の話、ということを意味しています。

動名詞① 同時に発生

進行形でも動名詞でも、**～ ing** の根っこの意味は「**動作の最中・途中**」です。

「動詞＋～ ing」の形は、「**～ ing している最中に、動詞する**」ということを表しています。

◀))) **enjoy** 「楽しむ」

I <u>enjoyed</u> dancing. 「私は<u>ダンスを楽しんだ</u>。」

ダンスをしている最中（dancing）に楽しいなと感じているわけです。enjoy と dancing は同時に起きているのです。もしこれを I enjoyed to dance. としてしまうと、「これからダンスをすることに向かって楽しんだ」という、「まだダンスをしていないのに、先に楽しんでいる」という不思議な意味になってしまいます。だから enjoy の目的語には不定詞ではなく動名詞が来ます。

◀)) **practice 「練習する」**

She practices playing the piano every day.

「彼女は毎日ピアノを練習しています。」

ふつう、「演奏している最中＝練習しているとき」なのでpracticeの目的語には「やっている最中」を表す～ ing が来ます。

◀)) **give up 「あきらめる」**

He gave up smoking. 「彼はタバコをやめた。」

タバコを吸っている「習慣の最中」にいる人が、その習慣をあきらめてやめることを意味します。

◀)) **finish 「終わらせる」**

I finished cleaning. 「私は掃除を終わらせた。」

give up と同じで、やっている最中の掃除を終わらせることを意味します。もしfinished to clean としてしまうと、「これから掃除するのに向かって今終わらせる」というズレた意味になってしまいます。

◀)) **avoid 「避ける」**

I avoided seeing him at the party. 「私はパーティで彼に会うのを避けた。」

「これから来るものを避けるんだから avoid の目的語には to を使った不定詞の方が良くない?」という質問をよく受けます。

けれども、こう考えてください。

向こうから大きな岩がこちらに向かって転がってきます。これを避けるなら、自分のところに来た瞬間（＝最中）に避けますよね。つまり「自分のところに岩が来るのと同時に避ける」のが普通です。

I avoided <u>seeing</u> him at the party. 「私はパーティで彼に会うのを避けた。」なら、彼がパーティにいるそのときに、会わないように別の場所に移動するわけです。もし avoid <u>to see</u> him とすると、「避けたけど、会うのはこれから」という意味になってしまいます。

◀)) **put off 「延期する」**

Mother **put off buying** a new car.

「お母さんは新しい車を買うのを延期した。」

put は「置く」という意味の動詞で、off は「くっついていたものがぽろりと離れる」イメージを持つ言葉です。合わせて、put off は「いったんわきへ離して置いておく」＝「延期する」という意味になります。本来ならば今はもうやっている最中のはずのことをいったん延期することから〜 ing が目的語に使われます。

動名詞② 「記憶・想像」

「記憶・想像」を意味する動詞の目的語には不定詞ではなく〜 ing がつきます。

例えば空を飛ぶところを想像してみてください。あなたの頭の中にはきっと「空を飛んでいる最中」の映像が浮かぶはずです。

次に、今朝家を出るとき、玄関の鍵を閉めたかどうか思い出してください。きっと「玄関の鍵を閉めている最中」の映像が頭に浮かぶはずです。

人が何かを想像したり、思い出したりするときには**動作の最中の映像が浮かぶ**のがふつうです。ですからこれらの動詞の目的語には「動作の最中・途中」を表す〜 ing が来ます。

◀)) **imagine 「想像する」**

　　　　Imagine flying in the sky.　「空を飛んでいるところを想像してみなさい。」
　　　　　このimagineは動詞のすっぴんの形、つまり命令文です。

◀)) **mind 「嫌だなと思う・気にする」**

　　Do you mind opening the windows?　「窓を開けてもよろしいですか?」

mind は、頭の中に思い浮かべてみて、そして「嫌だな」と思うことを意味する動詞です。ですから頭の中には「動作の最中の映像」が浮かびます。上の例文であげた **Do you mind 〜?**という言い方は、「頭の中に『窓を開けている最中の映像』を思い浮かべてみてください、で、それをあなたは嫌だと思いますかね。嫌なら開けませんが、もしそうじゃなければ開けてもいいですかね。」という、回りくどいけれど、相手の気持ちを優先した、控えめでていねいなお願いの仕方です。

目的語に不定詞が来る場合と動名詞が来る場合とで意味が変わる動詞の例

　この他にも記憶を表す動詞として remember（覚えている）と forget（忘れる）があります が、これらの動詞は目的語に to 不定詞をつけることも、動名詞をつけることもできて、それぞれで意味が異なります。

◀⑴ remember 「覚えている」

┌─ I **remember to see** him on Sunday.
　　「私は日曜に彼に会うのを覚えているよ。」　　予定

└─ I **remember seeing** him at the party.
　　「私はパーティで彼に会ったのを覚えています。」　記憶

　remember は「覚えている」という意味の動詞です。remember の後ろに to 不定詞が来れば、それは「これからやること」を意味しますから、これから先にある予定を覚えていることになります。

　また、remember は記憶を表す動詞です。目的語に動名詞が来ている場合、「動作の最中の映像を思い出している」ことになりますので、過去の記憶を思い出していることを意味します。

◀» forget 「忘れる」

— **I forgot to tell you this.**
「君にこれを言うつもりだったのを忘れてたよ。」 予定

— **I will never forget seeing you.**
「私は君に会ったことを決して忘れないよ。」 記憶

forget は 「忘れる」 という意味の動詞です（過去形は forgot）。

remember と同じく、目的語に to 不定詞がくれば 「これから先の予定が頭から抜けていた」 ことを意味します。forget が目的語に動名詞を取るとき、ほとんどの場合が **will never forget ～ ing（決して忘れないよ）** という表現です。動名詞の 「～している最中」 の映像が 「忘れられない記憶」 を意味します。

◀» try 「試みる」

— **He tried to open the door.** 「彼はドアを開けようとした。」

— **I tried opening the door.** 「僕は試しにドアを開けてみました。」

try は 「試す・やってみる」 という意味の動詞です（過去形は tried）。目的語に不定詞が来るときには、「これから～することに向けてやってみる」 ということですから 「**～しようとする**」 ということです。tried to open the door なら 「ドアを開けようとした（でもまだ開いてない・開くのはこれから）」 ということです。

目的語に動名詞が来る場合、例えば tried opening the door なら 「ドアを開けて

いる最中」が「試している」ことになります。ですから実際にドアを開けることを試している、つまり「試しにドアを開けてみた」という意味になるわけです。

◀) stop の場合 *

> **He stopped laughing.**「彼は笑うのをやめた。」

> **I stopped to look at him.**
> 「私は立ち止まって彼に目を向けました。」「私は彼に目を向けるために動きを止めました。」

stop は「やめる・いったん中断する」という意味です。目的語に動名詞が来るなら、「〜している最中のことをストップする」ということです。

stop の後ろに不定詞が来る場合もあります *。これから何かをするために、体の動きをストップするということです。ですから「立ち止まって〜する」や「〜するために体の動きを止める」という意味が出ます。

---

* この不定詞は stop の目的語ではありません。I stopped は「自分が自分の体の動きを止めた」という自動詞の動作を表しています。自動詞なので、目的語はありません（第 15 項参照）。stop の後に来ているのは stop という動作の目的を表す副詞的用法の不定詞です。

カッコの中にはいる、正しい選択肢を選びましょう。

① 「私たちは、その車を買うことに決めました。」
  We decided (　　　).
  1. to buy the car   2. buying the car

② 「私は音楽を聴いて楽しく過ごしました。」
  I enjoyed (　　　).
  1. to listen to the music   2. listening to the music

③ 「彼女は私に目を合わせるのを避けました。」
  She avoided (　　　).
  1. to look at me   2. looking at me

④ 「君に会うなんて思わなかったよ。」
  I didn't expect (　　　).
  1. to see you   2. seeing you

⑤ 「これ、買いたいな。」
  I want (　　　).
  1. to buy this   2. buying this

⑥ 「あなたからのお便りお待ちしています。」 (hear from 人：人から便りがある)
  I hope (　　　) from you.
  1. to hear   2. hearing

⑦ 「私は病院に行くのを延期しました。」
  I put off (　　　).
  1. to go to the doctor   2. going to the doctor

⑧「泣くのはやめて！」(cry：声を出して泣く)

Stop (　　　)!
1. to cry
2. crying

⑨「私は昨日、サンドイッチを食べたのは覚えています。」

I remember (　　　) yesterday.
1. to eat a sandwich
2. eating a sandwich

⑩「明日ここに8時に来るのを忘れないでね。」

Don't forget (　　　) at eight tomorrow.
1. to come here
2. coming here

⑪「試しにこの本読んでみたら、おもしろかったよ。」(interesting：おもしろい・興味深い)

I tried (　　　), and it was interesting.
1. to read this book
2. reading this book

⑫「この本を読もうとしたけど、難しすぎてダメだったよ。」(difficult：難しい)

I tried (　　　), but it was too difficult.
1. to read this book
2. reading this book

⑬「一度立ち止まって考えてみたら。」

You should stop (　　　).
1. to think
2. thinking

⑭「私はその試合を見たときのことを絶対忘れないでしょう。」(game：試合)

I will never forget (　　　).
1. to watch the game
2. watching the game

⑮「もうすぐこの本を読み終えます。」(soon：まもなく)

I will finish (　　　) soon.
1. to read this book
2. reading this book

不定詞って何？

「**to＋動詞のすっぴんの形**」
の形にして文に組み込む

I want
to eat the peach
"it"

食べちゃうの…

不定詞で「使い道」を説明する

I'm looking for
something to write with.

メモメモ…

前置詞を
忘れずに！

不定詞で動作の理由や目的を説明する

感情の原因

I'm glad ← see you

to

動作の目的

to → buy food

不定詞の意味上の主語

It is important for him
to understand this.

him

important!

動名詞って動詞なの名詞なの

テニスすること
が楽しい！

fun!

丸暗記しない不定詞と動名詞の使い分け

不定詞
実際にやるのはこれから
I hope to see you soon.

動名詞
①同時に発生
I enjoyed dancing.
②「記憶・想像」
Imagine flying in the sky.

[著者]

時吉秀弥（ときよし・ひでや）

兵庫県出身。神戸市外国語大学外国語学部英米語学科卒。米国ルイジアナ州チューレン大学にて国際政治を学ぶ。落語家の弟子、ラジオパーソナリティなどのユニークな経歴を持ち、予備校では 20 年以上にわたり大学受験生を教える。東京言語研究所にて池上嘉彦東京大学名誉教授、西村義樹東京大学准教授（当時。現教授）、尾上圭介東京大学教授（当時。現名誉教授）、上野善道東京大学名誉教授らのもとで認知言語学、日本語文法、音声学などを学び、2010 年、同所で理論言語学賞を受賞。
現在（株）スタディーハッカーでシニアリサーチャーを務めつつ、同社制作の YouTube チャンネル「時吉秀弥のイングリッシュカンパニー ch」にて英語学習法や英文法の解説を発信。著書に『英文法の鬼 100 則』『英熟語の鬼 100 則』『英文法の鬼 1000 問』（いずれも明日香出版社）、『英文法の極意』（アスク出版）など。

本当はおもしろい　中学英語

2023 年　4 月 22 日　初版発行

著　　　者	時吉秀弥	
発　行　者	石野栄一	
発　行　所	明日香出版社	
	〒112-0005　東京都文京区水道 2-11-5	
	電話　03-5395-7650（代表）	
	https://www.asuka-g.co.jp	
印刷・製本	シナノ印刷株式会社	

Answers

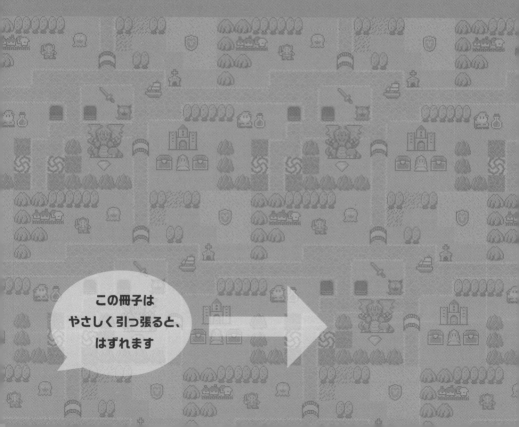

この冊子は
やさしく引っ張ると、
はずれます

練習問題 1

問題1
① (I) am Takako.
②(He) is Jim.
③ (She) is Beth.

　空欄に入れる言葉は文の先頭の言葉ですから、大文字で始めましょう。

問題2
① He (is) Bob.
②I (am) Yosuke.
③ She (is) Betty.

問題3
① I am Kate.　　②He is Mike.
③ She is Takako.

　文末にはピリオドを忘れずにつけましょう。

練習問題 2

問題1
① I (am) (not) John. I (am) Alex.
② (He) is (not) Chris. (He) is (Jim).
③ (She) (is) Beth. She (is) (not) Cathy.

　②と③は、文の先頭の単語 (HeとShe) は大文字で始めることに注意を払いましょう。

問題2
① He is not Bill.
②She is not Satoko.
③ I am not Adam.

練習問題 3

問題1
① Are you Eddy?　（あなたはEddyなの？）
②Is he Mark?　（彼がMark？）
③ Is she Beth?　（彼女はBeth？）

　文末の「?」（クエスチョンマーク）を忘れないこと。声に出して読むときは、日本語の疑問文と同じように、文末の音を上げて（♪）読みましょう。

問題2
①「うん、そうだよ。」：Yes, I am.
　「いや、違うよ。」：No, I am not.
②「うん、そうだよ。」：Yes, he is.
　「いや、違うよ。」：No, he is not.
③「うん、そうだよ。」：Yes, she is.
　「いや、違うよ。」：No, she is not.

　yesとnoのあとにカンマ（「,」）をつけましょう。文末のピリオド（「.」）を忘れずにつけましょう。

練習問題 4

① (Are) (you) (angry)?
② (Is) (he) (kind)? Yes, (he) (is).
③ (Are) (you) (tired)? No, I am not.
　(I) (am) (fine).　　Okでも可
④ (I) (am) (not) (hungry).
　(I) (am) (full).
⑤ Good. (I) (am) (glad).

練習問題 5

① 「それはあなたのスマートフォンですか?」
　「いいえ、違います。」
"Is (that) your smartphone?"
"No, (it) isn't."

相手のところにあるスマートフォンを指してたずねているので日本語では「それ」、英語ではthatです。yes、noで返事をするときに、前に出てきたものが人ではなく、ものである場合、「今言ったそれ」という意味でitを使います。「それは違います」の「それ」は日本語では訳さないのが普通です。

② 「これは私のタブレットです。新品です。」
(This) is my tablet. (It) is new.

「今言ったそれ(タブレット)」という意味でitを使っています。ここでもitは日本語には訳されません。

③ 「あれは私のスーツケースではありません。
　　Bobのです。」
(That) isn't my suitcase. (It) is Bob's.

「今言ったそれ(スーツケース)」という意味でitを使っています。

練習問題 6

① a book

バラバラにした本の破片を指して「本」とは呼びません。本は「形」の仲間です。

② an apple

この絵では、りんごがその形を「まるごと1つ」保った状態で存在しています。ですから、「形の仲間」であり、aをつけます。ただし、この「a」という言葉は母音（日本語で言う「ア、イ、ウ、エ、オ」の音で、ここではappleの最初のaの音）で始まる単語の前に着く時には「an」という形になります。理由は、その方が発音しやすいからです。英語を話す人にとっては、「a apple（ア　アポゥ）」というよりは、「an apple（アナポゥ）」という風にnの音を挟んだ方が発音しやすいのです。

③ chicken

ニワトリという生き物の形は崩れて、鶏肉になっています。

④ a pencil

鉛筆を壊してバラバラにして、その破片を鉛筆と呼ばないことでわかるように、鉛筆は「形の仲間」です。

⑤ a chicken

まるごと1羽の形を持った、生きたニワトリですから、「形の仲間」で、a chickenです。

⑥ a cow

まるごと1頭の形を持った、生きた牛ですから、「形の仲間」で、a cowです。

⑦ apple

りんごの形が崩れて、スライスされたリンゴになっています。「ニワトリ」が「鶏肉」になったのと同じことが起きています。ですから、切ったappleは「材質・性質」の仲間です。

⑧ beef

生き物の「牛(a cow)」の形が崩れて「牛肉」になると、呼び方が変わってbeefになります。「鶏肉」の仕組みと同じで「材質・性質の仲間」です。

⑨ a smartphone

「形の仲間」なのでa smartphoneです。

練習問題　7

① She is（Beth）. She is（a student）.
② "Is that（Tokyo Tower）?"
　"No. That is（Tokyo Sky Tree）."
③ That is not（my bicycle）.
④（Ken）is（hungry）.

④　hungryやkind、tallなど、第4項で出てきた気持ちや性質を表す言葉は形容詞と呼ばれ、名詞ではありません。aは「形の仲間」の名詞につくものなので、形容詞にはつきません。ですからa hungryとは言いません。形容詞は、気持ちや性質を表すので、「形」を持たないのです。

練習問題　8

正解の鍵は後ろに名詞があるかどうかです。名詞があれば「所有格＋名詞」、なければ独立所有格が単独で使われます。

① This tablet is（mine）.
② That is（her）T-shirt.
③ Is this（your）bicycle?
④ No, this is not（mine）.
⑤ This pen case isn't（hers）.

練習問題　9

① Ken, this is Tom. He is（a）student.

Tomが学生だということはここで初めて出てくる情報ですから、a studentです。「実はね、Tomは学生なんだ」という感じで、とある1人の学生を話の舞台上にポンと取り出してあげる感じです。theを使うと「さっき話に出たその学生」という意味になります。

② This is（the）car.

「さっき話に出たその車」ということなのでtheを使います。

③ Bob, this is（a）nice bike.

「とある1つの素敵な自転車が目の前に出てきた」という感じでa nice bikeとします。

④（The）cat is mine.

「今言っていたその猫」のことなのでthe catです。文頭なので大文字で始めます。

⑤（The）girl is Ann's friend.

「今言ったその女の子」のことなのでthe girlです。文頭なので大文字で始めます。

練習問題　10

1. desks	2. cars
3. chairs	4. men
5. children	6. fish
7. babies	8. toys
9. potatoes	10. knives
11. teeth	12. batteries
13. Japanese	14. we
15. they	16. they
17. you	18. these
19. those	20. they

4

練習問題 11

問題 1
① What is that?
② What is it?
③ Who is he?

問題 2
① What are those?
② What are these?
③ Who are they?
④ Who are you?

練習問題 12

① This is my book.
② This book is mine.
③ Whose book is this?

「誰の本」なので、whoseとbookを1つのかたまりにします。

④ Whose is this book?

「この本」なので、thisとbookを1つのかたまりにします。

⑤ Whose hat is it?
⑥ Whose is the hat?
⑦ Whose keys are these?
⑧ They are mine.

練習問題 13

① She is there.
② I am here!
③ (Bob is not here) now.
④ Hey, (are you there)?

この文の先頭はheyなのでHeyと大文字になりますが、areはカンマ（,）の後なので、大文字のAreとはなりません。

⑤ Are we there?

「（もう）着いた?」というときの決まり文句がAre we there?です。直訳すると「私たちはそこ（=目的地）にいますか?」です。

練習問題 14

5

① The balls are (on) the table.

テーブルの表面上に接しているのでon

② He is (at) the bus stop now.

移動中に、一時的にバス停という地点にいるのでat

③ The clock is (on) the wall.

壁の表面上に触れている状態なのでon

④ He is (in) the house now.

外でなく、家という空間の中にいるのでin

⑤ The box is (in) my car.

自動車という空間の中なのでin

練習問題 15

① I jump.

② I swim.

③ I push my bicycle.

④ I open the windows.

⑤ I write a letter.

練習問題 16

① Mary (speaks) Japanese.

② A bee (flies).

子音字l＋yなので"y"をiに変えてesをつけます。

③ Jason (has) two books.

④ They (eat) rice.

主語がthey（3人称だけど、複数）なので"s"はつけません。

⑤ Michael (pushes) his bike.

語尾がshで終わっているので"es"をつけます。

⑥ My father (goes) to church.

語尾がoで終わっているので"es"をつけます。

⑦ Bob (passes) the sugar.

語尾がssで終わっているので"es"をつけます。

⑧ Mike (plays) soccer.

母音字a＋yなので、yを変えずにそのまま"s"をつけます。

⑨ I (watch) TV.

主語がI（1人称単数）なので"s"はつけません。

⑩ Ann (catches) a ball.

語尾がchで終わっているので"es"をつけます。

練習問題 17

① John (takes his child to school).

takeをtakesにします。

② I make a doghouse.

③ He has a car.

haveをhasにします。

④ Jane comes to Japan.

comeをcomesにします。

⑤ I go to the park.

⑥ I like summer.

⑦ We get the money.

⑧ I work hard.

⑨ (He studies math) hard.

主語が3人称単数のheなので"study"の語尾を変えます。studyは「子音字d＋y」で終わる単語なので、yをiに変えてesをつけます。

⑩ Tomoko learns Spanish.

主語が3人称単数のTomokoなので"learn"の語尾に"s"をつけます。

⑪ George finishes lunch.

主語が3人称単数のGeorgeなので"finish"の語尾を変えます。shで終わるので"es"をつけます。

⑫ We enjoy the game.

練習問題 18

① I (watch) my head.

「状況の成り行きを見守る」＝「注意を払う」ということです。

② I (see) his house.

「家が目に入る」＝「家が視界に入る」ということです。

③ Kate (looks at) John.

主語が3人称単数なのでlookにsをつけます。

④ Eddy (sees) Yoshio at school.

「Johnが視界に入る」＝「Johnに会う」。主語が3人称単数なのでseeにsをつけます。

⑤ We (watch) the game.

「試合を見物する」＝「試合の成り行きを見守る」ということです。

練習問題 19

① I (hear) his voice.

「耳に飛び込んできた彼の声に気づく」ということなのでhearです。

② She (listens to) my advice.

「アドバイス」の方向に耳を向けて聞こうとするということなのでlisten toを使います。主語が3人称単数なのでlistens toとします。

③ Keiko (hears) the news.

「耳に飛び込んできたニュースに気づく」ということなのでhearです。主語が3人称単数なのでhearsとします。

④ I (listen to) the music.

「音楽に耳を向けて聞こうとする」ということなのでlisten toを使います。

⑤ George (listens to) Tom's story carefully.

「注意深く」聞くということは、耳の焦点をある方向に合わせることなのでlisten toを使います。主語が3人称単数なのでlistens toとします。

練習問題 20

① Susan (speaks) Chinese.

目的語に言語名（中国語）がきているので、speakを使います。

② I (talk) with him.

話し合い・言葉のやりとりに重点を置くのでtalkを使います。

③ He (says), "I'm tired."

目的語がセリフなのでsayを使います。

④ Kate (speaks) to me.

話し手に焦点が当たる場合、talkよりはspeakを使います。

練習問題 21

① I (don't go) to the station.
② He (doesn't come) to my house.
③ Anna (doesn't have) a car.
④ I (don't like) this book.
⑤ Jim (doesn't work) hard.

練習問題 22

問題 1
① "(Does) he work hard?"
  "No, he (doesn't)."
② "(Do) you like sushi?" "Yes, I (do)."

問題 2
① Does Jane have a car?
② Do you like soccer?
③ Do you read books?

read booksで「読書をする」。read a bookだと、「とある1冊の本を読む」、read the bookだと「さっき言ったその本を読む」となります。booksは、ここでは「本と呼ばれる種類のもの全般」を意味しています。

練習問題 24

① My sister goes to bed (at) eleven.

時刻は「移動する点」のイメージなのでat

② School starts (on) Monday.

曜日は「舞台」のイメージなのでon

③ School starts (in) April.

月は「ある程度の時間の長さを持つ時間の枠」なのでin

④ School starts (at) nine.

時刻なのでat

⑤ The birds come to Japan (in) spring.

季節は月と同じく「時間の枠」のイメージでin

練習問題 25

① We turn off the lights (at) ten.
② It is (×) ten now.
③ It is (×) Monday today.
④ We watch the show (on) Monday.
⑤ We go skiing (in) winter.

季節である冬 (winter) はある程度の時間の長さを持つ「時間の枠」なのでinを使います。

練習問題 26

① He gets (to) the museum.
② Paul gets (up).
③ Ben gets (off) the bus at Shibuya.
④ I get (on) the train at seven.
⑤ Mark gets (in) the car.

練習問題 27

① He (was) OK.
② Who (were) they?
③ I (was) sleepy.
④ The food (was) good.
⑤ (Were) you there?

練習問題 28

① (Did Jim come) here yesterday?

didが過去という時間を表すので、動詞はすっぴんの形のcomeを使います。

② (I didn't eat lunch) yesterday.

昨日という過去の出来事なのでdon'tではなくdidn'tを使います。

③ (Who broke the dish)?

主語の位置に疑問詞whoを使っているので、疑問文でもdidは不要で、動詞は過去形のbrokeです。

④ (What did you do on) Tuesday?

考え方としてはDid you do it on Tuesday?の目的語itがwhatに変わり、文頭に出たものです。過去形なのでdoesは不要です。

⑤ (Who knows that)?

考え方としては、He knows that.のheがwhoに変わってできています。主語に来るwhoやwhatなどの疑問詞は3人称単数扱いです。

練習問題 29

① (He came here yesterday).
② (I play tennis every) day.
③ (He was here two days ago).
④ I bought (it two days before my birthday).
⑤ (Mike often eats ramen).

練習問題 30

① He (is doing) his homework now.
② She (was sleeping) then.
③ What (is) Amy (doing) now?
④ I (was not watching) TV 10 minutes ago.
⑤ The doors (are opening).

電車のドアは1枚ではないので複数形のdoors。「電車の車内にあるそのドア」なので、theがつきます。are openingは「開きつつある最中にある」が直訳。「開きつつあるので、もうすぐちゃんと開いた状態になる」ということを表すアナウンスです。

練習問題 31

① Beth (sent me a birthday card) two days ago.

時間を表すtwo days agoは文末に来ています。

② Wendy (tells the children stories) at bedtime.

時間を表すat bedtimeは文末に来ています。

③ (The man showed me a map).
④ The old man (told Ken the way to the station).

wayの前にtheがつくのは「駅への道であって他の道ではない」、つまり「他のじゃなくてその」という感覚があるからです。

⑤ Mr. Yamada (gave me a hint).

9

練習問題 32

① (You make me happy).

日本語では単純に「私は嬉しい」とは言っても、いちいち「あなたのおかげで嬉しい」とは言いません。しかし、英語には原因を説明したがる文化があり、このような表現が生まれます。

② (I kept the meat fresh).

日本語の癖でつい「the fresh meat」としてしまうので、気をつけましょう。the meat (is) freshの感覚です。

③ (She painted the wall yellow).

④ (They call Jane the miracle girl).

miracle girlの前についているtheは「ご存知、あの」「他でもないその」という、「みなに知られたあの存在」という感覚を表します。

⑤ (Meg pushed the window open).

練習問題 33

① 第2文型

youの様子、つまりyouの中身を説明する文なので

② 第1文型

stayは「自分がそこを動かずにいる」という、他者に力をぶつけない自動詞の動きなので。He was in the hotel.（彼はそのホテルにいた）と同じ感覚

③ 第4文型

showが「見せて人に情報を渡す」という動きを表しているので

④ 第5文型

「the door = open」の状態のままその場を立ち去っているので

⑤ 第3文型

「全ての窓」に「閉じる」という力をぶつけるので

練習問題 34

① (Which do you like), Japanese food or Chinese food?

② (Which city did you visit), London or Paris?

③ (Which is your signature), this one or that one?

もし選択肢がyourではなくyoursだったなら、Which signature is yours?となります。

④ (Which name do you like)?

⑤ (Which did he choose)?

練習問題 35

① (Where are you) now?

語順の考え方：Are you in the park now?（今公園にいますか？）のin the parkがwhereに変わって文頭へ。

② (When did the train come)?

語順の考え方：Did the train come 10 minutes ago?（10分前にその電車は来ましたか？）の10 minutes agoがwhenに変わって文頭へ。

③ (What country are you from)?

語順の考え方：Are you from China?（中国ご
出身ですか？）のChinaがwhat countryに変わっ
て文頭へ。

④ (When did he write the letter)?

語順の考え方：Did he write the letter
yesterday?（彼は昨日その手紙を書いたの？）の
yesterdayがwhenに変わって文頭へ。

⑤ (Where did you find it)?

語順の考え方：Did you find it in your room?
（あなたの部屋で見つけたんですね？）のin your
roomがwhereに変わって文頭へ。

練習問題 36

問題Ⅰ
① Is this cake (for) me?

（　　　　　）の後ろには名詞のmeだけが来て、「主
語＋動詞〜」は来ていません。ですから（　　　　　）に
は前置詞（ここではfor）が入ります。

② I went home (because) I had a cold.

（　　　　　）の後ろにI had a coldという「主
語＋動詞〜」が来ています。接続詞（ここでは
because）の後ろには「主語＋動詞〜」が来ます。

問題2
① (Why did you visit) London?
② "(Why do you like the movie)?"
　"Because I like action movies."
③ I (bought a book) for you.

時や場所の表現と同じく、理由を表す表現（for
you）も文の後ろの方にやって来ます。

練習問題 37

問題Ⅰ
① b.　How tall are you?

語順の考え方：Are you very tall?のvery tall
（とても背が高い）がhow tall（どれくらい背が高
い）に変わって文頭に来ます。

② b.　How much is this?

muchは数えられない名詞（第10項参照）にくっつ
いて「たくさんの」という意味を表します。

お金は英語の世界では「数えられない名詞」です。
水と同じでお金は「1個」「2個」とは数えられず、水
が「1リットル」「2リットル」と単位でしか数えられな
いのと同じように「1円」「1ドル」というふうに単位でし
か数えられません。このようにお金は「数えられない
名詞」ですからmuchが使われます。

語順の考え方としては、Is this very much?の
very muchがhow muchに変わって文頭に来て、
How much is this?（これはいくらですか）です。
直訳は、「これはどれくらい多い（金額）ですか」＝
「どれくらいの量（の金額）ですか」です。

11

問題2

① (How was the party)?

語順の考え方：Was the party good?（その
パーティはよかったですか）の様子を表すgoodが
howに変わり、文頭へ。

② (How did you know that)?

語順の考え方：Did you know that in this way?
（あなたはこのやり方でそれを知ったの?）のin this
way（このやり方で）がhowに変わり、文頭へ。

wayは「ゴールにたどりつくための道＝方法」。「道
から外れるとゴールにたどり着かない」ので、wayは
「はみ出てはいけない『枠』」のイメージを持ち、in
（枠の中）という前置詞と一緒に使われます。

③ (How many eggs do you) have?

語順の考え方：Do you have very many
eggs?（あなたはとてもたくさんの卵を持ってい
ますか?）のvery many eggsがhow many
eggs（どれくらい多くの卵＝いくつの卵）になって文頭
へ。

manyは数えられる名詞（第10項参照）について、
「たくさんの」という意味を表します。muchは「量の
多さ」、manyは「数の多さ」を表します。

練習問題　38

① (Stop the car)!

「自分が乗っている（あるいは、目の前を走っている）
その車を（停めて）」なので、theがつきます。

② (Call an ambulance)!

どれでもいいから1台（の救急車）なので、anがつ
きます。

③ (Let's talk about the plan).

④ (Let's not fight).

このfightは動詞です。

⑤ (Enjoy your dinner).

「私たちは楽しみましょう」ではなく、「あなたは楽
しんでね」なので、Enjoy your dinner.としま
す。let'sをつけると「私たち」の話になるのでLet's
enjoy our dinnerになります。

練習問題　39

① 3.（Can I) come in?

「私は入ることができるか」ということなので

② 1.（You can't) smoke here.

「あなたは吸うことができない」ということなので

③ 4.（Can I) have a cup of coffee, please?

「私はもらうことができるか」ということなので

④ 2. Come on, (you can) do it!

「君ができる」ということなので

⑤ 2.（Can you) pass me the salt?

「あなたは渡すことができるか」ということなので。
passの第4文型（＝ give型）は「人に～を渡す、
パスする」。

練習問題 40

① (You may have a seat).

② (You can have a seat) there.

have a seat:「席に座る」。sit downに比べて
丁寧な響きがあります。相手に対し「座ってください」
というときには、Please have a seat.やYou
can have a seat.など、sit downよりもhave a
seatを使うことをおすすめします。

③ (May I see the letter)?

④ (Betty may come tonight).

⑤ (Betty might not come tonight).

mayやmightもcanと同じく、疑問文では文頭に置
き、否定文ではmay・mightにnotをつけます。

練習問題 41

① Andy, (you must listen to me)!

「いいからちゃんと私の話を聞いて!」と言うときに使
われるフレーズです。

② (I didn't have to finish my homework)
yesterday.

過去形のhave toの否定文は「didn't have to+
すっぴんの動詞の形」です。

③ (Do you have to buy) the book?

have toの疑問文はdo/does/didを文頭に出しま
す。

④ (You should talk with) Beth.

⑤ (You shouldn't go there alone).

shouldの否定文はshould not。短縮形は
shouldn'tです。

練習問題 42

① (It will be hot) tomorrow.

「今の様子から考えて、暑くなるだろうなあ」と心が
傾いて判断しています。

② (It's going to rain) soon.

「もうすぐ雨という状況」に向かっているところだ、と
感じています。

③ (I won't tell him that).

tellは第4文型をとるので、人であるhimが先に来て、
渡す情報を表すthatは後に来ます。このwon'tは
「するつもりはない」という意思を表します。

④ (Is he going to come) next month?

「事態は『彼が来月来る』ということに向かって、すで
に進んでいる最中ですか」と感じています。

⑤ (When will he come)?

語順の成り立ちは、例えばWill he come next
month?のnext monthがwhenに変わって文
頭に来る感じです。Is he going to come next
month?をwhenの文にするならWhen is he
going to come?です。

13

練習問題 43

① (Will you pass me the sugar)?

passは「取って渡す」ことなので第4文型をとります。sugarは「目の前にあるその砂糖」なのでtheがつきます。

② (Can you give me an example)?

日本語では「(例を)挙げる」と言いますが、英語ではexampleにはgive（与える）を使います。

③ (Could you please help us)?

④ (Would you explain why)?

うっかり反射的にwhyを文頭に出さないこと。Why would you explain? だと「なぜあなたは説明するのだろうか」という意味になってしまいます。

⑤ (Can you do it for) me?

練習問題 44

① (What a big mushroom this) is!

This is a very big mushroom.のa very big mushroomがwhat a big mushroomに変わり、文頭に出て来ます。

② (How fast that car runs)!

That car runs very fast.のvery fastがhow fastに変わり、文頭に出て来ます。

fastは「速い」という形容詞（例：a fast car「速い車」）にも、「速く」という副詞（例：runs fast「速く走る」）にもなります。

③ (What a great idea)!

a very good ideaが変化したものです。主語と動詞が省略されています。

④ (How cool)!

very coolが変化したものです。主語と動詞が省略されています。

⑤ (What a week)!

「what+a 名詞！」で名詞を強調します。

練習問題 45

① We (need to talk with) John.

② (She is trying to help me).

「手伝おうとしている最中にいる」という意味でis tryingという進行形にしています。

③ (I want to drink coffee).

④ It (is dangerous to swim in) this river.
(状況は)危険だ → この川で泳ぐ
何することに向かうのが危険？

⑤ (It is important to understand) this.
(状況は)重要だ → これを理解する
何することに向かうのが重要？

練習問題 46

① I'm sorry. (I have things to) do.

② It's (time to go to bed).

このitは、It's eight now.（今8時です）のように時間を表すときに主語として使われるitです。

③ We (have reason to believe) him.

④ (I need something to write with).

⑤ (I need something to write on).

14

① (I get up early to make breakfast) **for my children.**

early は「いつ get up したのか」の説明なので、get up の後ろに置きます。to make ～という不定詞のかたまりは get up early の理由を説明する「追加の説明表現」、つまり、「詳しい重い情報」なので、さらに後ろに回ります。

このように英語は詳しい説明になるほど（＝重たい情報になるほど）後ろに回る性質があります。

② **I'm** (here to help you).

to help you は I'm here の理由、つまり「追加の説明」なので、後ろに回ります。

③ (We're happy to have you).

to have you の直訳の感覚は「あなたをこの場に持つことになって」です。

④ **My** (grandmother lived to be 90) **years old.**

to は「たどり着く」ことを表します。直訳の感覚は「祖母は生きて、90歳にたどり着いた」です。

⑤ (He must be crazy to say such a) **thing.**

① **It** (is dangerous for children to swim) **in this river.**

「大人たちではなく、子供たちにとっては危険」と特定するために for children という不定詞の意味上の主語がついています。

② **It** (is too hot to go out) **today.**

この it は仮主語ではなく、お天気の文を表すときに使われる主語の it です。

③ **We** (don't have enough time to) **prepare.**

④ **I** (told Keiko to bring her camera).

⑤ **Could** (you tell me how to do) **it?**

Could you tell me ～? や Could you show me ～? は、人にものを教えてほしいときに使う典型的なフレーズです。

15

① (Getting up early is good) **for your health.**

② (I like watching movies).

③ (We enjoyed talking).

enjoy talking の直訳は「話をすることを楽しむ」。

日本語らしく言うと、「話をして楽しく過ごす」という感じです。

④ **I** (started playing basketball) **5 years ago.**

⑤ (She began crying) **suddenly.**

練習問題 50

① 1. We decided (to buy the car).

② 2. I enjoyed (listening to the music).

③ 2. She avoided (looking at me).

④ 1. I didn't expect (to see you).

⑤ 1. I want (to buy this).

⑥ 1. I hope (to hear) from you.

⑦ 2. I put off (going to the doctor).

⑧ 2. Stop (crying)!

⑨ 2. I remember (eating a sandwich) yesterday.

> 過去の記憶の話なので動名詞eatingを使います。

⑩ 1. Don't forget (to come here) at eight tomorrow.

> これからここに来ることに向かう、という予定なので to comeを使います。

⑪ 2. I tried (reading this book), and it was interesting.

> 「試しに～してみる」はtry ～ing。

⑫ 1. I tried (to read this book), but it was too difficult.

> 「try+不定詞」は「しようと試みるがうまくいかない」という意味でよく使います。

⑬ 1. You should stop (to think).

> これからthinkすることに向かって、体の動きを止める、ということ。

⑭ 2. I will never forget (watching the game).

> 予定ではなく記憶の話なので動名詞を使います。

⑮ 2. I will finish (reading this book) soon.